111 Gründe, Lehrer zu sein

Wer in der Schule nicht
den Verstand verliert,
der hatte nie welchen.

DIETRICH VON HORN

111 Gründe, Lehrer zu sein

Eine Hommage an den schönsten Beruf der Welt

SCHWARZKOPF & SCHWARZKOPF

Inhalt

Die Mischung macht's!
Seite 8

Kapitel 1
Weil es Spaß macht – Seite 11

Weil er den schönsten Beruf der Welt hat | Weil er sich beim Lesen der Tagespresse wie ein Oberlehrer fühlen darf | Weil er die Chance hat, seine Hobbys in der Schule zu etablieren | Weil er gern Kaffee trinkt | Weil er auch mal als Beobachter an einem Elternabend teilnehmen kann | Weil er schriftliche Rechtfertigungen von Schülern lesen darf

Kapitel 2
Die Pflicht ruft – Seite 23

Weil er sich in wichtige Ämter wählen lassen kann | Weil er Zeugnisse ausstellen darf | Weil er das Nachrichtenblatt lesen soll | Weil er ein Klassenbuch führen muss | Weil er an Konferenzen teilnehmen darf | Weil er am Nachmittag gern Telefongespräche mit den Eltern führt | Weil er gern eine halbe Stunde vor Dienstbeginn in der Schule ist | Weil er in den Pausen Aufsicht machen darf | Weil er ordnungswidriges Verhalten nicht dulden kann

Kapitel 3
Unterricht mal nicht in der Schule – Seite 41

Weil er mal mit seinen Schülern ins Theater gehen kann | Weil er auf Klassenfahrten gehen kann | Weil Klassenfahrten so manche Überraschung bieten | Weil er auf Klassenfahrten lernen kann, was er sich und den Schülern zumuten darf | Weil er gern vor Gericht erscheint | Weil er mit seinen Schülern in die Kunsthalle gehen kann | Weil er die Schüler an die Vergänglichkeit des Lebens erinnern kann

Kapitel 4
Ein Pädagoge muss Macken haben – Seite 55

Weil er Radiergummis liebt | Weil er das Kaugummikauen in der Stunde nicht mag | Weil er das alte Schulfotolabor nicht auf den Müll wirft | Weil er gern mit roter Tinte schreibt | Weil er gern mit Kreide auf der Tafel schreibt | Weil er bestimmte Utensilien lieb gewonnen hat | Weil er sein Schlüsselbund liebt | Weil er das Tafelsäubern liebt | Weil er seine Sprüche liebt

Kapitel 5
Abenteuer in der Schule – Seite 73

Weil Eltern immer besser loslassen können | Weil er Grenzen setzen darf | Weil er wissen will, warum englische Schüler in der PISA-Studie besser abschneiden als deutsche | Weil er wissen möchte, welche Ziele eine englische Schule hat und wie die überprüft werden | Weil er wissen will, wie englische Zeugnisse ausgestellt werden | Weil er als Student der Pädagogik keine Ahnung hatte, was auf ihn zukommt | Weil die Schüler immer schwieriger werden

Kapitel 6
Im Spannungsfeld der Bildungspolitik – Seite 87

Weil man sich mit den Strömungen des gesellschaftlichen Umbruchs auseinandersetzen muss | Weil er von Pisa nicht viel hält | Weil er gern Mitglied in einem Interessenverband ist | Weil er nicht so pessimistisch in die Zukunft guckt wie das Bildungsbürgertum | Weil er sich um Erziehung nicht kümmern muss, denn die Erfolge können ja nicht gemessen werden

Kapitel 7
Der Lehrer ist nicht allein – Seite 97

Weil er einen Schulleiter hat | Weil er einen Konrektor hat | Weil er einen Schulrat hat | Weil es einen Hausmeister gibt | Weil er die Abhängigkeit von der Schulsekretärin liebt | Weil er einen Personalrat hat | Weil er Verständnis für Messies hat | Weil er an einem Betriebsausflug teilnehmen darf | Weil er keinen eigenen Arbeitsplatz in der Schule hat | Weil er Kinder gern hat

Kapitel 8
Vorlieben – Seite 115

Weil ihm die Grammatik am Herzen liegt | Weil ein Lehrer alles weiß | Weil es jedes Jahr Bundesjugendspiele gibt | Weil er jedes Jahr das Gleiche unterrichten kann, ohne dass die Schüler es merken | Weil er alles besser weiß, aber nichts selber kann | Weil er an seinem äußeren Erscheinungsbild noch arbeiten kann | Weil er auf der Autobahn nicht zu schnell fährt

Kapitel 9
Der Lehrer ganz privat – Seite 129

Weil er gern Zeitung liest | Weil er gern »Wer wird Millionär?« mit Günther Jauch guckt | Weil er sich im Supermarkt nicht von Werbung beeindrucken und sich auch sonst nichts gefallen lässt | Weil er ein Mittagsschläfchen halten kann | Weil er sich auf die Ferien freuen kann | Weil er nachmittags zum Einkaufen in die Stadt fahren kann | Weil er eine soziale Verantwortung in sich spürt | Weil er auch nachmittags ins Kino gehen kann | Weil er sich nicht immer mit seiner Lebensgefährtin am Frühstückstisch über Schule unterhält | Weil er mit großer Wahrscheinlichkeit einen Lebenspartner in Lehrerkreisen finden wird | Weil er gern Bücher über Schule, Schüler und Lehrer liest | Weil er gern Lieder über Schule, Schüler und Lehrer hört | Weil er gern Filme über Schule, Schüler und Lehrer sieht | Weil er sich von den Rolling Stones nicht unbedingt alles abgucken sollte | Weil es viele Witze über Lehrer gibt | Weil er gern Sprüche von klugen Köpfen über Schüler, Erziehung und Lehrer liest | Weil er sparsam ist | Weil er nachmittags in die Museen gehen kann

Kapitel 10
Nachdenken und Lernen – Seite 163

Weil ihn Kritik von außen nicht trifft | Weil er seine Unterrichtsvorbereitungen den aktuellen Gegebenheiten anpassen muss | Weil er ab und zu eine selbstkritische Bestandsaufnahme macht | Weil er als Mentor seinem pädagogischen Mündel sein vorhandenes Potenzial aufzeigen möchte | Weil er Fortbildungsveranstaltungen besuchen darf | Weil er auch mal eine Modulveranstaltung leiten kann | Weil er schlechte Lehrer hatte und nun zeigen will, dass er es besser kann | Weil er sich nicht dagegen wehren kann, ständig zu lernen | Weil er sich von seinen Schülern ein Zeugnis ausstellen lässt | Weil er in den hintersten Ecken der Lehrerbücherei Wissenswertes entdecken kann | Weil er wissen will, wie Vorurteile entstehen | Weil er einen Brief an Malermeister Raufaser schreiben kann | Weil er sich gern alte Fotos ansieht | Weil er nicht der Blödmann der Nation ist | Weil die Gefahr, befördert zu werden, nicht zu groß ist | Weil er kein Millionär werden kann

Kapitel 11
Highlights – Seite 191

Weil er seine Schüler auch wieder entlassen darf | Weil er jeden Tag über seine Schüler staunen darf | Weil die Erfindung des Personalcomputers seine Arbeit erleichtern soll | Weil er sich nach vierzig Dienstjahren sicher sein kann, dass er seine Berufung gefunden hat | Weil er Briefe von den Eltern bekommt | Weil er gern Erich Kästner liest | Weil ihn viele um seinen Beruf beneiden | Weil er immer wieder nach England muss | Weil er gern Briefe von Schülern bekommt und auch Briefe von Schülern an Schüler liest | Weil er wunderbare E-Mails von ehemaligen Schülern bekommt | Weil er von den Wünschen seiner Schüler überrascht wird | Weil er zum besten Lehrer Deutschlands gewählt werden kann | Weil er jung bleiben will | Weil er froh ist, dass so manches aus dem Schulalltag verschwunden ist | Weil er findet, dass man mit Schülern über die sieben Todsünden sprechen muss | Weil er als entlassener Lehrer über seine Wirkungen auf die Gesellschaft nachdenkt | Weil er Briefe von ehemaligen Schülern bekommt

Die Mischung macht's!

Ach Gott, schon wieder ein Lehrerbuch, werden viele denken. Ja klar, wieder eins, aber ein völlig anderes. Es werden 111 Gründe aufgeführt, Lehrer zu werden oder Lehrer zu sein. Viele davon werden beim Leser das Gefühl erzeugen: Moment mal, da werden ja Gründe genannt, die nun alles andere als erstrebenswert erscheinen, diesen Beruf zu ergreifen oder auszuüben. Frust klingt manchmal an, aber auch viel Lust. Am Ende wird dem Leser klar, dass es die Mischung aus allem ist, die diesen Beruf einzig macht, die ihn zum schönsten und wichtigsten Beruf auf der Welt macht. Noch ein Rat: Lesen Sie nicht alles auf einmal, also am besten häppchenweise.

In den vierzig Jahren meines Berufslebens haben mich immer wieder Schüler, Eltern und Bekannte gefragt, warum ich Lehrer geworden und dabei geblieben bin. Antworten zu finden war nicht schwer. Daher war es ein Leichtes, eine Liste zu füllen, die 111 Gründe anführt, warum man Lehrer werden sollte und warum es so befriedigend ist, Lehrer zu sein.

Beim Ausformulieren der Gründe kamen längst vergessene Erinnerungen hoch, lange vermisste Unterlagen wurden wiederentdeckt. Das gab mir auch beim Schreiben die Möglichkeit, mein ganz persönliches Resümee zu ziehen. Was hatte ich doch für ein Glück, diesen Beruf ergreifen zu dürfen.

Abiturienten, die in der Berufswahl noch nicht festgelegt sind, sollten sich von den 111 Gründen animiert fühlen, ein Lehramtsstudium aufzunehmen. Lehramtsstudenten sollten sich in ihrer Berufswahl bestätigt fühlen. Gestandene Lehrer finden sich hoffentlich in vielen Schilderungen mit dem Gefühl wieder: »Geht mir also nicht alleine so«, und gewesene Lehrer werden sich vielleicht erinnern: »Ach ja, so war's!«

Natürlich ist dieses Buch unvollkommen, subjektiv, voreingenommen. Ich nehme Haltungen ein, die anderen vielleicht völlig fremd sind. Aber auch das ist das Schöne an diesem Beruf, dass es eben viele Möglichkeiten gibt, ans Ziel zu kommen. Hauptsache, man lebt ihn mit Begeisterung, Herzblut und vor allen Dingen mit Liebe zu den Schülern, um ihnen den ersten lebensnotwendigen Anstoß zum Selbstbewusstsein zu geben, auf dass sie das Leben meistern.

Ich wünsche Ihnen viel Spaß beim Lesen, und wenn der Leser manchmal zu neuen Erkenntnissen kommt, ihn das Buch etwas nachdenklich macht, dann hat es doch schon viel erreicht. Kritik an der Schule, den Schülern und den Lehrern wird es immer geben.

Wenn nicht, kann etwas nicht stimmen.[*]

Dietrich von Horn

---

[*] *Eventuelle Ähnlichkeiten mit realen Personen oder Situationen sind natürlich rein zufällig und vom Autor nicht beabsichtigt. Noch ein Hinweis zum Lesen: Der Autor hat sich für die grammatikalische Form »der Lehrer« entschieden. Das schließt selbstverständlich »die Lehrerin« mit ein.*

Wenn alles schläft und einer spricht –
nennt man dieses Unterricht.

KAPITEL 1

Weil es Spaß macht

GRUND 1

Weil er den schönsten Beruf der Welt hat

Eigentlich gibt es doch nur vier richtige Berufe auf der Welt: Das sind der Pastor, der Bauer, der Arzt und der Lehrer. Nur sie müssen sich mit den wirklichen Dingen des Lebens auseinandersetzen: Wie finde ich mein Seelenheil, wer versorgt mich mit Nahrung, wer heilt mich und wer gibt mir die Bildung, die ich brauche, um im späteren Leben zurechtzukommen? Im Idealfall sollte das funktionieren, aber leider kommt einem immer das Leben dazwischen, also die Unvollkommenheit der Menschen.

Und wenn der Lehrer kein Kindergeschrei mehr abkann, er die Kollegen alle blöde, den Schulleiter inkompetent findet und er beim Tennis nur noch den Punktrichter machen will, dann überlegt er, ob er vielleicht doch ins Altersheim gehen und dort anfangen sollte, Gedichte zu schreiben:

Das Wetter verhieß nichts Gutes.
Es wurde kalt.
Er kletterte auf einen Baum,
wollte ein paar alte Äste herausschneiden.
Da fiel er aus ihm wie ein reifer Apfel.
Er kam noch nicht mal dazu, sich darüber zu freuen,
dass dies ein schöner Tod war.
Seine Frau fand ihn im Laub.
»Immer muss ich alles allein machen«, dachte sie.
Sie ging ins Haus, denn es fing an zu regnen.

Seine Frau bekommt diesen Text in die Hand. Kopfschüttelnd macht sie sich an einen Gegenentwurf.

Das Wetter verhieß viel Gutes.
Es wurde warm.
Er kletterte auf einen Baum,

wollte ein paar Äste herausschneiden.
Da roch er an den Apfelblüten.
Er konnte sich darüber freuen,
dass der Frühling kam.
Seine Frau sah ihn vom Küchenfenster aus.
Laut rufend riss sie ihn aus seiner Glückseligkeit:
»Der Tee ist fertig,
die Äpfel kannst du im Herbst erst pflücken.«

GRUND 2

Weil er sich beim Lesen der Tagespresse wie ein Oberlehrer fühlen darf

Man könnte meinen, dass der Lehrer sich freut, wenn er in der von ihm abonnierten Tageszeitung Fehler entdeckt. Er liebt zwar den »Hohlspiegel« aus dem fast gleichnamigen Wochenmagazin, ärgert sich aber in gleichem Maße über die Laxheiten in seiner Tageszeitung. An Rechtschreib- und Zeichensetzungsfehler hat er sich immer noch nicht gewöhnt, aber viel mehr ärgern ihn Fakten, die falsch sind. Er ist der festen Überzeugung, dass Zahlen und andere Fakten eine bedeutsame Rolle spielen, wenn es gilt, Überzeugungen zu prägen.

So berichtete eine angesehene Zeitung unter der Überschrift »Größte bekannte Struktur im Universum entdeckt« sinngemäß Folgendes: *Die Struktur ist fast 40 Billionen Kilometer lang. Das entspricht einer Strecke, die Licht in vier Milliarden Jahren zurücklegt. Die Entdeckung sei aufregend, weil sie dem Verständnis von der Skala des Kosmos widerspreche, wonach es keine Gebilde geben dürfte, das größer ist als 1,2 Milliarden Lichtjahre.*

Über »das größer ist« statt »die größer sind« sieht er hinweg. Hat er nicht seinen Schülern immer wieder empfohlen, täglich

Zeitung zu lesen. Nachher berufen die sich noch auf deren Rechtschreibung. Viel größer ist der Unmut über den laxen Umgang mit den Zahlen. Wozu hat er seinen Schülern beigebracht, dass das Licht in der Sekunde 300.000 Kilometer zurücklegt. Die Stunde hat 3600 Sekunden. Das wissen sogar seine Schüler. Das multipliziert der Lehrer mit den 24 Stunden des Tages, den 365 Tagen des Jahres und den angeführten 4 Milliarden Jahren. Kommt er doch glatt auf 378 Trillionen Kilometer. Da hat sich der Reporter mal locker um das Milliardenfache geirrt. Wen stört das schon? Vor allem aber: Wer merkt das? Wahrscheinlich nur wieder der Lehrer.

GRUND 3

Weil er die Chance hat, seine Hobbys in der Schule zu etablieren

Die Schule bietet ein weites Feld, neben den vorgeschriebenen Fächern seine eigenen Hobbys zu etablieren. Der traditionelle Fächerkanon mit Deutsch, Mathematik, Englisch und Sport wurde im Laufe der letzten Jahre kaum geändert. Seine Freiräume findet der Lehrer in Klassenfahrten, Wahlpflichtkursen, Arbeitsgemeinschaften und der Durchführung von Projekten. Hier kann er sich austoben und seinen Vorlieben zum Wohle der Schüler nachgehen.

Jedes Wochenende im Sommer macht er sich mit seinem VW-Bus, vollgepackt mit seiner Surf-Ausrüstung, auf den Weg an die Ostseeküste. Er verbringt Stunde um Stunde mit der Warterei auf den richtigen Wind. Aber was für ein Lebensgefühl, wenn er dann bei Windstärke sechs über das Wasser gleiten darf. Wenn dann noch die Manöver und Sprünge gelingen, was will man mehr.

Es wäre doch zu schade, dieses Gefühl nicht an seine Schüler weiterzugeben. Die Umsetzung dieses Gedankens erfordert allerdings taktisches Geschick.

Die erste Phase leitet er ein, indem er im Matheunterricht zur Freude der Schüler manchmal abschweift. Man ist ja nahezu gezwungen, der Klasse zu erklären, was denn die Ausrüstung auf seinem VW-Bus zu bedeuten hat. Schließlich laufen die Schüler jeden Tag über den Lehrerparkplatz. Ein bisschen Schwärmerei darf dann schon mal sein.

Phase zwei ist überschrieben mit »Wir planen eine Klassenfahrt«. Dabei gilt es, das nötige Geschick walten zu lassen. Sollen doch alle Schüler trotz seines undemokratischen Vorgehens das Gefühl haben, dass es ihr ausgesprochener Wunsch ist, nach Neustadt in die Surfschule zu fahren.

Phase drei ist der vorbereitende Elternabend. Da muss der Lehrer sein ganzes pädagogisches Geschick aufbieten, um die Widerstände gegen Kosten und Zielort zu überwinden.

Das gelingt ihm natürlich. Die Klassenfahrt gelingt auch. Bleibt nur noch die Hoffnung, diese Veranstaltung zur ständigen Einrichtung werden zu lassen.

Dem seit Jahren Squash spielenden Lehrer bieten sich ähnliche Chancen. Da gibt es die Wahlpflichtkurse. Sport: Turnen am Schwebebalken, Bewegung im Raum mit dem Medizinball oder Gymnastik nach esoterischer Musik haben dann doch nicht den gleichen Reiz für Schüler wie seine Lieblingssportart. Die Schulleitung wird von dem Angebot überzeugt. Weil überraschend viele Schüler ihr Interesse bekunden, werden die Plätze in der örtlichen Freizeitanlage gebucht. Nicht alle Schüler halten den wöchentlich stattfindenden Kurs durch, aber der größere Teil ist begeistert.

Und wenn er Jahre später von einem Kursteilnehmer besucht wird, gibt es manchmal eine Überraschung. Neben der Berichterstattung der beruflichen Karriere wird die Frage gestellt: »Wissen Sie eigentlich, dass ich immer noch Squash spiele?« Da hat er doch was richtig gemacht!

Dann erinnert sich der Lehrer wieder an die Meinung von Erziehungswissenschaftlern: Spielen ist wichtig.

GRUND 4

Weil er gern Kaffee trinkt

Laut einer Untersuchung konsumieren die circa 700.000 Lehrer in Deutschland 150.000 Liter Kaffee am Vormittag. Kaffee ist nicht gesund, er ist eine Droge. Das weiß der Lehrer, trotzdem trinkt er ihn immer wieder. Ohne ihn kann er gar nicht überleben. Es gibt sogar die Theorie, dass zum Beispiel die DDR nur deshalb zugrunde gegangen ist, weil es dort keinen guten Kaffee für die Lehrer gab.

Der Kaffee des Lehrers muss eine hohe Qualität haben und aus einem Land kommen, wo einem garantiert wird, dass der einfache Arbeiter auch seinen gerechten Lohn bekommt. Also einen Fair-Trade-Kaffee kaufen, der darf dann auch ein bisschen mehr kosten. Gibt's zwar nicht bei Aldi, aber wenn man sich ein bisschen umhört, dann kriegt man den auch. Der Lehrer hat ein gutes Gefühl und er schmeckt ihm dann ganz einfach besser. Obwohl, wegen des Geschmacks ist der Kaffee wohl nicht das Getränk der Lehrer geworden, eher sind es seine Nebenwirkungen, hervorgerufen durch das Koffein, das angeblich Müdigkeit und Verstimmungen beseitigen und sich positiv auf die Leistungsfähigkeit auswirken soll. Bei moderatem Konsum mag das ja durchaus stimmen, bei Koffeinmissbrauch aber schlägt es genau in die entgegengesetzte Richtung um, der Stresspegel steigt an, man bekommt Herzrasen und läuft hektisch zwischen den Tischen und der Kaffeemaschine hin und her.

Die Kaffeemaschine steht im Abstellraum des Lehrerzimmers. Vier Kaffeemaschinen sind täglich im Einsatz, sie werden bereits vom Lehrer, der morgens als Erster im Lehrerzimmer erscheint, aufgesetzt. Finanziert wird das Ganze durch eine Umlage, die monatlich eingetrieben wird. So steht das Getränk im Übermaß zur Verfügung.

»Was? Du willst schon wieder Geld für Kaffee haben?«

»Was? Der Kaffee ist immer noch nicht durch?«

Kollegien mit Nespresso-Maschinen haben es da einfacher. Jeder ist für sich selbst verantwortlich. Nur gibt es da wieder das Problem des übermäßigen Plastikmülls. Zudem sind die Portionen vergleichsweise teuer. Die Frage nach der richtigen Kaffeemaschine kann da schon mal für schlechte Stimmung sorgen, zumal George Clooney höchstwahrscheinlich nicht persönlich den Kaffee zubereitet.

Es gibt zwei Typen des Kaffeetrinkers. Da ist der Gemütliche, der Genussorientierte, der ganz bedächtig seinen Kaffee zelebriert. Er zieht sich auch bei aller Hektik im Lehrerzimmer in seine Ecke zurück, gibt dem Kaffee Milch und Zucker dazu, rührt das Ganze gemächlich mit einem Löffel um und genießt in vollen Zügen seine Tasse Kaffee. Erst dann ist er wieder bereit, auf die Umwelt zu reagieren.

Dem entgegen steht der hektische, der wirkungsorientierte Trinker, der als Erstes in der Pause zur Kaffeekanne stürmt, sich einen Becher schnappt, ihn fast bis zum Rand vollgießt und in sich reinschüttet. Wenn der Kaffee zu kalt ist, wird er in den Ausguss gespuckt und der Inhalt der Tasse hinterhergeschüttet. Was ist denn das wieder für eine Plörre? Das kann man doch gar nicht trinken.

Musiklehrer erinnern sich des Liedes *C-a-f-f-e-e* und kommen dann auch noch auf die Idee, das mit dem Schulchor einzuüben.

Ce-a-eff-eff-e-e,
trink nicht so viel Kaffee,
nichts für Kinder ist der Türkentrank,
schwächt die Nerven, macht dich blass und krank.
Sei doch kein Muselmann,
der das nicht lassen kann.

Und der Musiklehrer überlegt, ob er es nicht mal mit seinem Chor in der großen Pause im Lehrerzimmer singen sollte. Er lässt es dann aber doch, denn beim Kaffee versteht der Lehrer keinen Spaß. Was soll das denn? Das soll wohl lustig sein. Das Lied ist ja rassistisch, macht sich lustig über andere Kulturen. Das geht doch gar nicht. Wir haben schon genug Ärger mit andersartigen Kulturen. Und jetzt kommt der noch mit einem solchen Lied. Na ja, Musiklehrer eben, nicht von dieser Welt.

GRUND 5

Weil er auch mal als Beobachter an einem Elternabend teilnehmen kann

Elternabende sind immer eine besondere Herausforderung für den Lehrer. Dort will er souverän sein und auf seine Elternschaft einen guten Eindruck machen. Da ist es dann ganz hilfreich, wenn der Lehrer als Vater einer Tochter auch mal an einem Elternabend der weiterführenden Schule teilnehmen darf, denn ein Lehrer ist immer bereit dazuzulernen. Vielleicht kann er sich ja das eine oder andere abgucken.

Der Elternabend findet im Klassenraum statt. An der Wand hängt ein halb abgerissenes Plakat von Picasso. Die linke Gardine am Fenster ist von der Gardinenstange gerutscht und liegt auf dem schmutzigen Boden. Die Tafel ist verschmiert. Links unten steht, dass der Lehrer X schwul sei. Den Stuhl muss man sich aus einer Ecke holen. Der Klassenlehrer hat zwei Kollegen dabei. Die Mathematiklehrerin berichtet über ihr Projekt, das am Wochenende stattfand und nicht so erfolgreich verlaufen ist, wie sie es sich vorgestellt hatte. Der Geschichtslehrer berichtet über die nächsten Themen und die Anzahl der noch kommenden Tests. Die beiden wollen sich nun verabschieden, da sie wohl jetzt nicht mehr gebraucht werden.

Danach ergreift der Klassenlehrer das Wort und nimmt zum ausgewiesenen Tagesordnungspunkt »Oberstufenreform« Stellung. Die sei aber so kompliziert, dass er sie selbst noch nicht verstanden habe. Zur Beruhigung der Eltern sei aber gesagt, dass die Schüler wie selbstverständlich da reinwachsen werden. Da brauche man keine Angst zu haben.

Der nächste Punkt der Tagesordnung ist der Bericht von der Schulkonferenz. Hierzu kann von seiner Seite leider nichts gesagt werden, da an diesem Tag eine Krankheit seine Teilnahme verhinderte und danach nicht die Zeit war, sich über Inhalte zu informieren. Über was kann man noch reden? Ach ja, zum 8. Mai ist etwas geplant, vielleicht ein Projekt über Probleme, die Kinder hatten, deren Väter als Spätheimkehrer aus dem Krieg kamen. Der Zeitraum dieses Projektes ist noch nicht festgelegt. Es kommt eben auf die Schüler an, vielleicht eine Stunde, einen Tag oder eine Woche. Inhaltlich wird man abwarten müssen, inwieweit die Schüler diese Problematik annehmen und mit Leben füllen können.

Eine Mutter fragt, ob auch ein Praktikum geplant sei. Also, er persönlich ist gegen Praktika, das ist mal wieder so eine Mode. Man muss ja nicht allem modischen Schnickschnack hinterherlaufen. Nein, bei dem Lehrstoff, den ein Gymnasium zu erfüllen hat, sei das aus seiner Sicht im Moment nicht drin. Vor einem Jahr sei mal ein Praktikum in der Kreisstadt durchgeführt worden, aber die Kollegen hätten nur Negatives zu berichten gehabt. Ein Praktikum sei ja auch eher eine Aufgabe der Regionalschule, der Gesamtschule, der Gemeinschaftsschule, der Hauptschule usw. Diese Schularten belegten sowieso alle Praktikumsplätze, sodass für Gymnasien kein weiterer Platz sei. Aber wenn denn so ein großes Interesse an einem Praktikum bestünde, bleibe es jedem selbst überlassen, das in den Ferien zu absolvieren. Ob noch weitere Fragen seien. Die Frage ist so gestellt, dass man keine Fragen mehr hat.

Nach dem Elternabend geht der beobachtende Lehrer in die nächste Kneipe und bestellt sich ein Bier. Der nächste Elternabend soll im Spätsommer sein. Diese Aussicht verleitet ihn dazu, noch ein Bier zu bestellen. Heute hat er mal gelernt, wie man es nicht machen sollte, und das ist ja auch eine Erkenntnis.

GRUND 6

Weil er schriftliche Rechtfertigungen von Schülern lesen darf

Um eine Sache klären zu können, muss der Lehrer auch mal streng sein und den Schüler auffordern, nachdem sich die Gemüter beruhigt haben, sich zu undurchsichtigen Vorfällen zu äußern:

Bei der Heizung vor der Klasse befand ich mich mit Kai in einem Gespräch, als Jan dazukam. Darauf sprach Kai ihn auf die ständigen Provokationen im Musikunterricht an. Er antwortete darauf: »Hast doch selbst Schuld, kannst dich doch woanders hinsetzen!«

Kai sagte daraufhin: »Beim nächsten Mal sag ich das dem Lehrer, oder ich werde dich schlagen.« Auf diese Äußerung hin wollten die beiden sich schlagen, was sie allerdings dann ließen. Es fielen noch einige kleine Pöbeleien, dann wollte sich Jan hinsetzen. Ich habe mich allerdings immer da hingesetzt, wo er sich hinsetzen wollte. Dann fing er an, mich auf das Gröbste zu beleidigen mit Worten wie: Ossi, Pisser, Arsch, Blödmann.

Daraufhin meinte ich: »Ich bin wohl intelligenter als du!« Jan lachte drüber und meinte: »Du bist so blöd. Das sieht man doch. Du kannst ja noch nicht mal von der Tafel ablesen.«

Daraufhin vergaß ich mich und gab ihm eine Ohrfeige. Jan rannte die Treppen runter und stieß dabei weiter Beschimpfungen aus. Daraufhin stoppte ich ihn im Treppenhaus und schrie ihn an, er möchte mit mir zum Schulleiter gehen, um ihm zu erläutern, was er getan hatte. Dabei brüllte mich Jan mit weiteren Schimpfwörtern an.

Dann packte ich Jan am Kragen und wollte ihn zum Lehrerzimmer bringen, aber Jan war mit der Wahl meines Weges nicht so sehr einverstanden. Ich sagte zu ihm auch, dass das der kürzeste Weg zum Lehrerzimmer war. Daraufhin fing er wieder an, mich zu beschimpfen: »Von dir lass ich mir gar nichts sagen, ist das klar?« Wobei ich mich erneut vergaß und ihm ein bisschen in die Nieren trat.

Dem Lehrer kommt in den Sinn, diesen Brief mal in der Stunde vorzulesen. Vielleicht versteht der eine oder andere dann, wie Gewalt entsteht und zu was sie führt.

Lehrer sind Menschen, die uns helfen,
Probleme zu beseitigen, die wir
ohne sie gar nicht hätten.

KAPITEL 2

Die Pflicht ruft

GRUND 7

Weil er sich in wichtige Ämter wählen lassen kann

Es gibt verschiedene Gründe, in ein Amt gewählt zu werden. Da ist der Ehrgeizige, der unbedingt einen Posten anstrebt, um sich über diesen für größere Aufgaben zu empfehlen. Da ist der fachkompetente Souveräne, der das Amt einfach übernehmen muss, weil ihm keiner das Wasser reichen kann. Dann gibt es noch den Naiven, dem die Kollegen einreden, er sei der richtige Mann. Den Unfähigen hingegen ereilt das Amt durch puren Zufall, weil niemand sonst Interesse hat, und weil es einer ja machen muss. Und wer würde von sich schon behaupten, dass er unfähig sei, dann schon eher naiv, aber bitte schön mit Fachkompetenz.

Also, und wenn man schon keine Fachkonferenz zu leiten oder das Kaffeegeldamt zu betreuen hat, dann hat man doch bitte schön die moralische Pflicht, sich in einem der vielen Berufsfachverbände zu engagieren. Zum Beispiel könnte man sich doch für den BDK (Bund deutscher Kunsterzieher) ins Zeug legen. Kunst ist ja sowieso ein Fach, das niemand wirklich ernst nimmt und viele für überflüssig halten. Deshalb ist es gerade so wichtig, da seine Stimme zu erheben, zu mahnen, wie sehr das kreative Element in der Seele eines Schülers durch das Fach gefördert werde und es eine Sünde wäre, an der Stundentafel der musischen Fächer weiter herumzuschnippeln.

So ein Verband lebt doch nur, wenn die Mitglieder sich auch engagieren, man möchte doch als Kunsterzieher nicht, dass der BDK den Bach runtergeht. Dann hätte man überhaupt kein Sprachrohr mehr nach außen. Ja, okay, wenn man denn meint, das man der einzig Richtige für dieses Amt sei, dann soll es eben so sein. Aber nur, wenn der Lehrer Unterstützung bekommt, und wenn er Aufgaben delegieren kann. Teamarbeit würde ihm vorschweben. Wobei allerdings böse Zungen behaupten, Teamarbeit sei das Aufeinandertreffen kleiner Geister, die immer vom anderen erhoffen, große Ideen geliefert zu bekommen. Das hat man im BDK-Vorstand wohl auch gedacht und macht den Eindruck, als wäre ein schlecht geführter Landesverband immer noch besser als ein überhaupt nicht existenter. So ist der Lehrer dann plötzlich der erste Vorsitzende im Berufsverband der Kunsterzieher des Landes.

Nach der Wahl sieht plötzlich alles ganz anders aus.

»Da musst du aber unbedingt reagieren, das kann man so nicht hinnehmen …«

»Das Layout des BDK-Briefkopfes ist schlecht, das sollte unbedingt geändert werden.«

»Ich hatte durch den BDK enorme Unkosten, überweise mir doch bitte …«

»Warum erscheinen die Landesnachrichten so unregelmäßig?«

»Das hat beim alten Vorstand aber besser geklappt.«

»Wenn man sich schon in ein Amt wählen lässt, hat man eben auch kleine Verpflichtungen.«

So muss er zwei Jahre warten, um dann zu verkünden, dass zwei Jahre nun wirklich reichen und es nun höchste Zeit für einen neuen Vorstand sei, der mit neuem Elan und Ideen für das Fach Kunst weiterkämpft.

GRUND 8

Weil er Zeugnisse ausstellen darf

Schön einfach ist die Definition, dass ein Schulzeugnis eine zusammenfassende, urkundliche Beurteilung des Leistungsstandes eines Schülers ist. So schlicht diese Erklärung klingt, birgt sie doch in der Praxis erhebliche Probleme.

Beurteilt werden Jugendliche beziehungsweise Kinder, die häufig nur ansatzweise verstehen, was die gegebenen Zensuren und verbalen Beurteilungen eigentlich bedeuten. Manchmal hilfreich, in jedem Fall aber unumgänglich sind die Interpretationen der Eltern. Auch wenn die Noten der schriftlichen Arbeiten vorliegen, agieren sie, nicht wissend, wie sich ihr Sprössling tatsächlich im Unterricht verhält, immer dann, wenn die Benotung aus ihrer Sicht zu schlecht ist. Das Gegenteil wurde erstaunlicherweise noch nie erlebt: »Ich kenne meine Anna-Marie, die kann keine guten Aufsätze schreiben.«

Über Zeugniszensuren lässt sich gut streiten. In der Hoffnung, die Beurteilung durchsichtiger zu machen, darf der Lehrer sich in den von ihm unterrichteten Fächern sprachlich äußern, darf bis zu sechsseitige Zeugnisformulare gestalten. Bei jedem Satz überlegt er sich, wie dieser Satz missverstanden werden könnte, um »Kämpfer-Eltern« keine Angriffsfläche zu bieten.

Die Zeugnisbotschaft des Lehrers an Schüler und Eltern sollte so abgefasst sein, dass alle ihren Inhalt verstehen und daraus ihre Konsequenzen ziehen. Wenn er denkt, Zeugnisse im Ankreuzverfahren sind von Vorteil, kann er sich auch täuschen. So sitzt er vor der Entscheidung, ob Dennis den Zehnerübergang in Mathematik »stets – überwiegend ja – wechselnd« oder »überwiegend nein« beherrscht. Da Dennis beim letzten Test Fehler gemacht hat, kommt er ins Grübeln. Ist das nun »stets« oder »überwiegend ja«? Entscheidet er sich für das Zweitgenannte, kann er sicher sein, dass er einen Anruf bekommt. Denn Eltern sehen nur darauf, ob die Kreuze alle ganz links stehen.

Zum Arbeits- und Sozialverhalten könnte der Text so aussehen:
Dennis hat sein Verhalten zum letzten Halbjahr verbessert. Er kam jetzt wieder regelmäßig zur Schule. Er setzte sich für die Klasse ein und vertrat seine Meinung.

Am mündlichen Unterricht beteiligte er sich nur nach Aufforderung. Oft war er mit schulfremden Dingen beschäftigt und lenkte sich und andere ab. Wenn er an einer Sache interessiert war, fragte er nach und war um Lösungen bemüht.

Im schriftlichen Bereich arbeitete er selten zielgerichtet und zu oberflächlich. Die Hausaufgaben waren selten angefertigt. Bei Fehlverhalten zeigte er sich nicht einsichtig. Des Öfteren vergriff er sich gegenüber Mitschülern und Lehrern im Ton. Wenn er im nächsten Halbjahr erfolgreich mitarbeiten will, muss er seine Einstellung zur Schule völlig ändern.

In den meisten Fällen wird die Botschaft wohl verstanden. Es kann aber durchaus zu Reaktionen kommen, die ungefähr so aussehen: *Ich protestiere energisch gegen das Zeugnis meines Sohnes Stefan, und ich teile Ihnen mit, dass die Abfassung des Textes unangemessen ist und nicht der Realität entspricht. Das Zeugnis in dieser abgefassten Form ermöglicht es meinem Sohn nicht, das angestrebte Berufsziel, Arzt zu werden, zu realisieren. Ich gebe die Angelegenheit an meinen Anwalt weiter, der sich bei Ihnen melden wird.*

GRUND 9

Weil er das Nachrichtenblatt lesen soll

Im Nachrichtenblatt werden die Wichtigkeiten der oberen Schulaufsichtsbehörde an die untere Schulaufsichtsbehörde weitergegeben. Die leitet es weiter an die Schulen im Kreis. Und so erfährt auch der einfache Lehrer, was alles so politisch im Lande durchgesetzt werden soll. Er muss das alles lesen, dazu ist er verpflichtet, und er muss das auf der Vorderseite des Amtsblattes mit seinem Namenszug abzeichnen, dass er das alles gelesen hat. Der Schulleiter legt darauf großen Wert. Und er kann sich richtig ärgern, wenn das mit dem Abzeichnen so lange dauert. Meine Güte, das ist doch keine große Sache. Wenn einige Kollegen meinen, dass sie es nicht nötig hätten, da reinzusehen, dann bitte schön, ist ihm doch letztlich egal. Er hat das dann nicht zu verantworten. Er muss sich aber schon wundern über die unprofessionelle Einstellung einiger Kollegen.

Im Nachrichtenblatt wird der Lehrer unter anderem über die Durchführungsbestimmungen zu den zentralen Abschlussprüfungen zum Hauptschulabschluss und zum Realschulabschluss des laufenden Schuljahres informiert.

Das Fach Erdkunde heißt zum nächsten Schuljahr nicht mehr Erdkunde, sondern »Geographie«. Diese Bezeichnung ist in allen schulischen Kontexten zu verwenden (Stundenpläne, Vertretungspläne, Klassenbücher, Zeugnisse und so weiter). Der Stichtag ist der 1. August des nächsten Jahres. Und wieso soll das Fach nicht mit »f«, also »Geografie« geschrieben werden? Der Duden erlaubt das doch jetzt. Wenn sich denn erst einmal die neue Rechtschreibung durchgesetzt hat, muss wieder im Nachrichtenblatt ein Vermerk stehen, dass das Fach »Geographie« in »Geografie« umbenannt wird. Beim Lesen eines solchen Textes kommt der Geografielehrer ins Grübeln, schweift ab, und es fällt ihm ein Gedanke von der portugiesischen Journalistin Brigitte Paulino-Neto ein. »Wie oft habe ich ihm schon gesagt, dass – abgesehen von jeglicher Berufsblindheit – das Charakteristische des Geografen meiner Meinung nach darin besteht, sich vorzugsweise auf fremdem Terrain zu verirren. ... weil der Geograf eine verirrte Persönlichkeit ist. Weil er sich nicht scheut zuzugeben, dass er vom Weg abgekommen ist, seine Veranlagung einzugestehen, die Ferne zu erkunden, ohne sich von der Stelle zu rühren.«

Danach wendet der folgsame Lehrer sich wieder dem Nachrichtenblatt zu. Die Grundschule in Mastbruch-Hartenholmsiel heißt jetzt »Grundschule Mastbruch-Hartenmoorsiel« und führt weiterhin den Namen »Grundschule der Gemeinde Mastbruch-Hartenholmsiel und des Schulverbandes Mastbruch-Hartenholmsiel«.

Unter »Allgemeine Verwaltungs- und Personalangelegenheiten« kann man nachlesen, dass die »Grundschule Geestholm« bei Niebüll zum 1. August einen/eine Schulleiter/in sucht, dass die Vergütung nach A13 erfolgt, und dass das hier die dritte Ausschreibung sei. Unter »Schulprofil« steht, dass man die Schulgebäude einschließlich Sporthalle von den Gemeinden aufwendig renoviert beziehungsweise großzügig erweitert hat. Sie sind gepflegt, modern und freundlich gestaltet. Es gibt Fachräume (Technik, Musik, Computer) und Gruppenräume. Die Schulhöfe sind naturnah gehalten und haben ein anregendes Bewegungs- und Spielangebot. Träger ist der Schulverband Geestholm. Die Schule hat einen hohen Stellenwert und wird bestmöglich unterstützt. Es gibt einen Hausmeister und standortbezogenes Reinigungspersonal.

Das Kollegium arbeitet engagiert und kooperativ. Zur Unterstützung der Unterrichtsarbeit wurde eine Schulsozialpädagogin angestellt (Prävention, Erziehungshilfe) sowie eine Unterrichtsbegleiterin, die acht Stunden pro Woche zur Verfügung steht. Die schulische Arbeit wird getragen durch eine aktive und kooperative Elternvertretung. Ferner existiert ein reger Schulverein, der die Arbeit in vielfältiger Weise finanziell und auch personell unterstützt. Da überlegt sich der Durchschnittslehrer, ob er noch mal durchstarten sollte, auf seine alten Tage Karriere machen. Was leiten, etwas Neues anstoßen. Aber muss das nun gerade in Geestholm sein? Da bleibt er doch lieber an seiner alten Schule. Da weiß er, was er hat, und er lehnt sich zufrieden zurück.

GRUND 10

Weil er ein Klassenbuch führen muss

Das Klassenbuch ist ein wichtiges Dokument. Es gibt zwei Ausprägungen dieser Art, zum einen können Klassenbuch und Lehrbericht zusammengehören, zum anderen gibt es die wohl üblichere Form, dass man den Lehrbericht von den Daten der Schüler trennt. Der Lehrbericht verbleibt im Klassenraum, das Klassenbuch im

Lehrerzimmer im Fach der Klasse. Die Schüler müssen ja nicht unbedingt alles erfahren über ihre Mitschüler.

Im Klassenbuch findet man Einträge über die Ferien, die Namen der Lehrer, die in dieser Klasse unterrichten, ihre Adressen und Telefonnummern, den Stundenplan, Unterrichtsbefreiungen, Sondergenehmigungen und Teilnehmer an wahlfreien Fächern, Arbeitsgemeinschaften, Sitzplan, Schülerliste, Anzahl der Fehltage im Monat, vergessene Arbeitsmittel und Hausaufgaben, Lehrbücher und Lektüren, besondere außerschulische und schulische Veranstaltungen und Belehrungen, zum Beispiel, dass der Klassenlehrer die Klasse darüber informiert hat, dass das Abbrennen von Feuerwerkskörpern nur Erwachsenen vorbehalten ist.

Fehlzeiten und Versäumnisse der Schüler sind mit K = Krank, E = Entschuldigt und U = Unentschuldigt zu vermerken.

Der Lehrbericht ist ein Dokument, in dem der behandelte Unterrichtsstoff und auffälliges Verhalten von Schülern eingetragen werden, zum Beispiel: »Wiederholt kam Henning meinen Aufforderungen nicht nach. Als er von mir darauf angesprochen wurde, drohte er mir Schläge an, falls wir uns nachmittags treffen sollten.«

In Grundschulen wird der Lehrbericht meist durch den Klassenlehrer verwahrt und geführt. In weiterführenden Schulen ist in der Regel ein ernannter Schüler für den Lehrbericht zuständig. Dieser muss ihn pünktlich zu jeder Unterrichtsstunde dem Fachlehrer vorlegen und für die aktuelle Unterrichtsstunde die Hausaufgaben und eine Zusammenfassung des Unterrichtsstoffes aus dieser Stunde eintragen lassen. Geschieht dies nicht, ist der Lehrer verpflichtet, in der nächsten Stunde eine Nachtragung vorzunehmen.

Am Ende jedes Schuljahres, an manchen Schulen auch in kürzeren Abständen, werden alle Einträge durch die Schulleitung überprüft und verwaltet.

Da kann der Schulleiter ganz ungehalten werden, wenn zum vereinbarten Termin nicht alle Lehrberichte in seinem Fach sind. Zu ärgerlich ist das. Ist doch wohl nicht zu viel verlangt, solcher Anordnung nachzukommen. Oder?

Wenn das Buch aus irgendwelchen Gründen abhandengekommen ist, ist das für den Lehrer sehr ärgerlich, aber was soll man machen, man kann es sich ja nicht aus den Rippen schneiden. Abzuraten ist in einem solchen Fall, den Schülern zu drohen: »Wenn ich den erwische, der das auf sein Gewissen geladen hat, der kann was erleben.« Das bringt gar nichts, das erzeugt eher ein hämisches Grinsen bei den Schülern. Es muss ein neues Buch her. Aber nicht zu schnell.

Zwei Tage später kommt Frau Droemel: »Du, entschuldige, dein Lehrbericht lag unter meinen Diktatheften. Hattest du ihn schon vermisst?«

GRUND 11

Weil er an Konferenzen teilnehmen darf

Konferenzen gehören zu den Höhepunkten der schulischen Pflichten jeden Lehrers. Die Vorfreude auf die ein- bis zweistündigen Veranstaltungen, wenn sie dann in der Terminübersicht veröffentlicht werden, ist bei allen Lehrern ungebremst, denn was kann man sich Schöneres vorstellen, als den Nachmittag oder Abend in der Schule zu verbringen, um an einer solchen Veranstaltung teilnehmen zu dürfen?

Außenstehende ahnen nicht, wie vielfältig die Möglichkeiten für den Schulleiter sind, die langweiligen Tage eines gemeinen Lehrers aufzupeppen: Schulkonferenzen, Klassenkonferenzen, Zensurenkonferenzen, Fachkonferenzen, Stufenkonferenzen, Regionalkonferenzen …

Worin begründet sich die Vorliebe der Lehrer für Konferenzen?

Der gemeine Lehrer freut sich einfach, sich im trauten Kreis der Kollegen ganz entspannt zurücklehnen zu dürfen, ohne dass ihn Schüler nerven.

Noch gewinnbringender gestalten diese Veranstaltungen die Kollegen, die hinter vorgehaltener Hand Haushefte abhaken. Verträumt denkt der Kunsterzieher wahrscheinlich daran, sich später in der Toskana niederzulassen, sich dort ein Atelier einzurichten und endlich die Bilder zu malen, auf die die Welt nun wirklich nicht gewartet hat. Die Junglehrerin denkt an ihren Freund, der sie vor Kurzem versetzt hat. Das gibt ihr doch sehr zu denken. Viel lieber würde sie jetzt wie früher mit ihren Freunden um die Häuser ziehen und einen Joint durchziehen. Nun sitzt sie hier unter diesen Langweilern in diesem Kaff. Na ja, diese Konferenz wird sie auch überstehen und das Referendariat auch.

Frau Droemel profiliert sich bereits vor der Konferenz damit, dass sie darauf hinweisen möchte, auch an die Raucher zu denken, also nach vierzig Minuten eine Pause einzulegen, und sie möchte dieses Mal wirklich darum bitten, die vorgesehenen zwei Stunden nicht zu überschreiten, denn sie hat um 17 Uhr noch einen Arzttermin.

Frau Weiß wird sich auch dieses Mal nicht zu den angesprochenen Themen äußern. Das hat sie noch nie gemacht, warum sollte sie das heute tun?

Manchmal aber spürt der Lehrer das Bedürfnis, sich richtig einzubringen. Das sind die Momente, in denen er neben seiner eigentlichen Berufung, der Lehrtätigkeit, Gestaltungsmöglichkeiten sieht. Das sind Gefühle!

Sollte es aber zu dem unglücklichen Umstand kommen, dass mehrere Kollegen in der gleichen Veranstaltung dieses Bedürfnis verspüren, kann es sein, dass die Zweistundengrenze nicht eingehalten werden kann.

Einschläfernde Konferenzphasen enden sofort, wenn das Thema »bewegliche Ferientage« ansteht.

Zum Abschluss der Konferenz hat der Schulleiter noch einen Wunsch an seine Kollegen: »Wenn ich mir etwas wünschen dürfte, dann wäre es, dass die Kollegen alle mindestens eine Viertelstunde vor Dienstbeginn in der Schule sein könnten.«

»Die Schule ist nun mal kein Wunschkonzert und deshalb sollte man das mit den Wünschen gehörigst lassen. Er glaubt doch wohl nicht an Wunder. Das sollte er mal der Kirche überlassen«, raunt Herr Weise, der Religionslehrer, seinem Nachbarn zu.

GRUND 12

Weil er am Nachmittag gern Telefongespräche mit den Eltern führt

Der Lehrer muss sich methodisch immer etwas einfallen lassen. Wenn Chantal-Chanice nur sehr mühsam kapieren will, wie die Subtraktion oder die Addition funktioniert, dann sind die Fähigkeiten des Lehrers gefordert. Solange drei plus vier als Aufgabe daherkommt, ist ja noch alles in Ordnung. Ist die Aufgabenstellung aber anders, also: »Wie viel plus drei ist gleich sieben?«, bekommt er häufig die Antwort: »Hääh?« Nun ist der Lehrer in seiner Methodenvielfalt gefordert. Es geht los mit Zauberkunststücken, also Faust hinhalten. »Ihr sollt herausfinden, wie viele Gummibärchen ich in der Hand habe. Ich gebe einen Tipp: Wenn ich drei dazunehme, dann, Hokuspokus, hab ich sieben. Wie viel hatte ich nun vorher?« Auch der weniger begabte Schüler versteht, dass die Lösung vier sein muss, wenn es anschließend mit offenen Händen gezeigt wird. »Und wie bist du auf die Lösung gekommen?« Da wird es dann schon kritisch.

Sobald es keine Gummibärchen sind, scheint die Aufgabe jedes Mal neu zu sein. Um die Sache zu vertiefen, geht er ins Treppenhaus der Schule. Der gut vorbereitete Lehrer hat diesen Schritt bereits vorgeplant, Stufen mit Zahlen bezeichnet. Einem Schüler die Augen verbinden, auf irgendeine Treppenstufe stellen. Drei Stufen hochgehen lassen, Augen aufmachen und sagen lassen, wo er vorher gestanden hat. Das Spiel nun in kleinen Gruppen spielen. Auch Differenzierungsmöglichkeiten lassen sich wunderbar einbauen, weil man das auch mit Minusaufgaben machen kann. Das bringt doch Spaß, echt klasse – und erzeugt beim Lehrer das Gefühl, dass ein gewisses Verständnis für die Mathematik aufgekommen ist.

Am Nachmittag kommt dann der Anruf von Eltern, die sich verwundert darüber informieren lassen wollen, was denn da heute Morgen wieder abgegangen sei. Ihre Tochter erzählt, dass sie beim Rechnen die Treppe rauf- und runtergelaufen ist. Da möchte man doch als Mutter die Beweggründe für so ein Tun erklärt haben. Diese Vorgehensweise zu erklären fällt dem Lehrer dann nicht immer ganz leicht. Ob man denn nicht »ganz normale Aufgaben« mit den Kindern rechnen könne. Einen Vortrag über den modernen Mathematikunterricht hält der Lehrer dann nicht immer für angebracht. Wenn dann eine andere Mutter sich darüber indigniert äußert, dass ihr Sohn sich beim Rechnen den Fuß verstaucht hat, wie kann das denn passieren, kann man immer noch auf den fächerübergreifenden Unterricht hinweisen, Sport und Mathematik, das passt doch irgendwie zusammen.

Der nächste Anruf dreht sich um die Gummibärchen. Die Schüler mit Süßigkeiten zu belohnen sei doch sehr fragwürdig, das ist ja so, als würde man Tiere dressieren und – ob er auch daran gedacht habe, dass es Kinder mit Allergien gäbe.

Jedes Fach birgt ungeahnte Möglichkeiten, mit den Eltern in einen anregenden Austausch zu kommen.

Das Memoryspiel mit Fotos von den Schülern der Klasse, eingesetzt, um sich besser kennenzulernen, kann auch zu Reaktionen von Eltern führen und zur Frage, wieso überhaupt ein Foto von ihrem Kind in der Schule existiert. Dazu hat man kein Einverständnis gegeben. Wie man dazu kommt, so etwas zu machen, das ist doch unverantwortlich. Das ist nicht mit dem Grundgesetz vereinbar.

Und die Bewertung der letzten Klassenarbeit kann ja wohl so nicht hingenommen werden. Marie hat genau dieselben Aufgaben richtig gelöst wie Anna, bei Marie steht aber nur eine Drei und bei Anna eine Drei plus. Und im letzten Diktat sind Fehler angestrichen, die gar keine sind, nur weil man das nicht lesen kann. Das ist doch kein Fehler, sondern Ausdruck einer sich allmählich ausprägenden Individualität. Es ist doch klar, was gemeint sei, deshalb kann man das doch nicht als Fehler anstreichen.

Und was war beim Sportunterricht los? Drei Runden hintereinander laufen, das ist doch viel zu viel. Wie man das denn verantworten will?

Und wie kommt der Lehrer dazu, den Schülern zu sagen, sie sollen zu Fuß zur Schule gehen, das ist ja wohl Einmischung in die Privatsphäre der Eltern.

Eine Frechheit!

GRUND 13

Weil er gern eine halbe Stunde vor Dienstbeginn in der Schule ist

Frühaufstehen ist nicht jedermanns Sache. Deshalb ist der Lehrer ja auch kein Bäcker geworden. Was das Frühaufstehen betrifft, liegt der Lehrer, auf die Gesellschaft bezogen, im Mittelfeld.

Bei einem Unterrichtsbeginn um 8.00 Uhr und einer Fahrzeit von einer halben Stunde darf er den Wecker um 6.00 Uhr klingeln lassen. Das ist auch nicht gerade spät.

Das relativ frühe Aufstehen bringt die unterschiedlichen Charaktere der Lehrer ans Tageslicht. Die Lehrerschaft ist in diesem

Punkt ein Spiegelbild der Gesellschaft. So gibt es auch unter den Lehrern die notorischen Spätkommer. Sie lieben einfach den täglichen Stress. Schafft er es noch rechtzeitig bis zum ersten Klingelton, den Klassenraum zu erreichen? Direkt in die Klasse gehen, dann merken es die Kollegen vielleicht nicht, immer mit der Hoffnung, dass nicht ausgerechnet heute ein Elternteil noch ganz kurz vor dem Unterricht einem Dringendes mitteilen muss.

Der normale Lehrer ist gern spätestens eine halbe Stunde vor Dienstbeginn in der Schule. Dann kann er die schon anwesende Schulleitung ohne Hast begrüßen. Der nächste Gang führt in die Lehrerküche. Entweder ist die Kaffeemaschine schon in Betrieb, oder er macht sich selbst ans Werk. Was für ein Gefühl der Muße, wenn er seinen Mokka im Lehrerzimmer im Kreise der anderen »frühen« Kollegen zu sich nehmen darf. Und Kopien sind auch noch zu machen. Keine Wartezeit am Kopierer. Er erhält früh die Information über fehlende Lehrer und kann sich auf Stundenvertretungen einstellen und vorbereiten. Er braucht sich auch keine Ausreden einfallen zu lassen: Autoschlüssel verlegt, Auto sprang nicht an, Stau, Stromausfall, deshalb ging der Wecker nicht, Kind nicht aus dem Bett gekriegt oder krank, Socken nicht gefunden, Müllabfuhr versperrte Weg, Langsamfahrer vor einem, Autotür zugefroren, Glatteis. Nein, das braucht unser Lehrer nicht. Er kann in aller Ruhe beim Erklingen des Gongs in die Klasse schlendern. So startet er am liebsten seinen Schultag. Der Stress kommt dann noch von ganz allein.

GRUND 14

Weil er in den Pausen Aufsicht machen darf

Was wären das für öde Schultage, wenn man keine Aufsicht in den Pausen machen dürfte! Ständig zwischen den Unterrichtsstunden am Kopierer zu stehen oder mit den Kollegen das tägliche Leid und Elend zu diskutieren oder den ohnehin viel zu hohen Kaffeekonsum zu steigern, kann doch nicht die Erfüllung des Lehrers sein. Da macht er doch lieber Aufsicht.

Dank eines Aufsichtsplanes, den der stellvertretende Schulleiter nach bestem Wissen und Gewissen gestaltet hat, kann der Lehrer sich sicher sein, dass die Pausenaufsicht nicht an ihm vorbeigeht.

Es gibt unterschiedliche Vorlieben: Aufsicht im Schulgebäude oder auf dem Schulhof. Zufrieden mit der eigenen Wahl ist man allerdings selten. Bei schlechtem Wetter ist es draußen zu kalt, drinnen aber belebt und laut. Zeigt sich das Klima aber gnädig, ist das Gebäude wie leer gefegt und der Lehrer kommt sich überflüssig vor. Aber egal wo, stets warten echte Erlebnisse auf den aufsichtführenden Lehrer!

Sich in uneinsehbare Ecken verdrücken, dem Nikotingenuss verfallene Schüler sind da dingfest zu machen, denn Schulgesetz und Schulordnung sind eindeutig und müssen angewendet werden. Kampfhähne müssen getrennt werden.

Pascal aus der dritten Klasse hat sich bei einem unglücklichen Zusammenstoß mit einem Mitschüler zwei Schneidezähne ausgeschlagen, die dank der Schulsekretärin und der Zahnbox gerettet werden können. Am Wochenende war bei Janina Konfirmation. Sie hat es auf 1800 Euro gebracht. Das ist doch toll, oder? Justin hat einen neuen Computer und einen neuen Vater. Nicole hat bei den Landesmeisterschaften im Bodenturnen den ersten Platz gemacht.

Drinnen sind die Schülertoiletten zu überwachen, weil die Verschmutzungen in letzter Zeit wieder bedenklich zugenommen haben. Sauerstoffallergische Kinder müssen ruhig, aber bestimmt zur Tür begleitet, klemmende Reißverschlüsse wieder in Funktion gebracht werden.

Erstaunlich ist nur, wie viele Kollegen freiwillig auf solche Erlebnisse verzichten würden.

GRUND 15

Weil er ordnungswidriges Verhalten nicht dulden kann

Was ist ordnungswidriges Verhalten? Es wird wohl im Laufe der Zeit unterschiedlich gesehen, ist dem Zeitgeist zuzuschreiben. So findet der Lehrer in einem Klassenbuch von 1906 einen Abschnitt, in dem die Erziehungsmaßnahmen einzutragen waren. Vom 9. Mai 1906 bis zum 31. Mai 1906 sind zehn Züchtigungen vermerkt, also pädagogische Niederlagen, ganz akkurat in Sütterlin.

Albert war unhöflich und frech, Hermann auch, Heinrich hatte auf der Straße nicht gegrüßt, Hermann hatte wiederholt keine Hausaufgaben angefertigt, Max und Bernhard hatten trotz wiederholter Verwarnung zu schnell und dadurch fehlerhaft geschrieben und gerechnet, Wilhelm kriegte wegen Faulheit einen Eintrag. Alle wurden mit »2 Schlägen auf dem Gesäß« gezüchtigt. Minna hatte auch auf der Straße nicht gegrüßt. Sie kriegte keine »Schläge auf dem Gesäß«, sondern »2 Schläge auf dem Rücken«.

Bernhard bekam »7 Schläge auf dem Rücken«. Er war eigensinnig und wollte nicht lesen. Dieses Fehlverhalten war wohl besonders verwerflich, bedurfte wohl einer besonders strengen Züchtigung. Durch so ein Verhalten waren wohl die Grundfesten des Kaiserreiches infrage gestellt. Denn das Leben gehörte zu damaliger Zeit dem Vaterland, das man auf Gottes Geheiß hin für den Kaiser zu geben hatte, denn der heilige Krieg war der höchste

Ausdruck menschlichen Handelns. Da konnten Eigensinnigkeit und Verweigerung nur stören und mussten entsprechend härter bestraft werden.

Heute in unserer liberalen Zeit gibt es immer noch ordnungswidriges Verhalten in der Schule. Und das ist nach dem Schulgesetz § 45 laut Konferenzbeschluss mit einem Tadel zu ahnden und den Eltern mitzuteilen.

Sehr geehrter Herr Schulze!

Gegen Ihren Sohn Henning, Klasse 9a, wurde heute ein Tadel ausgesprochen.

Begründung: Wiederholt kam er Aufforderungen nicht nach. Als er von mir darauf angesprochen wurde, drohte er mir Schläge an, falls wir uns nachmittags treffen sollten.

Hochachtungsvoll

Klassenlehrer(in)

Die Androhung von Schlägen ist ja schon mal ein unfreundlicher Akt, aber welcher Lehrer will schon zufällig einen Schüler nachmittags treffen?

§1 Der Lehrer hat immer recht.
§2 Hat er mal nicht recht,
tritt automatisch §1 in Kraft.

KAPITEL 3

Unterricht mal nicht in der Schule

GRUND 16

Weil er mal mit seinen Schülern
ins Theater gehen kann

Ja, ein bisschen masochistisch muss man als Lehrer schon veranlagt sein, sonst würde man es sich wohl nicht antun, mit seiner Schülerhorde ins Theater zu gehen. Aber wo kommen wir denn da hin, wenn man die Jugend nicht an die Kulturtröge der Menschheit bringt? Am Ende werden dann alle diese Kultureinrichtungen geschlossen. Zurück bleiben Actionkino, Internet und McDonald's. Nicht auszudenken. Aber bis pubertierende Jugendliche sich solchen Genüssen hingeben können, müssen sie erst einmal lernen, sich den Kultureinrichtungen zuzuwenden, lernen zuzuhören, nicht gleich schreien: »Was soll das denn? Das ist vielleicht öde!« Und so müssen an diesem Abend die anderen Besucher und die Schauspieler des Theaters mal etwas aushalten. Sollen erfahren, wie schwer es ist, Jugendliche zu begeistern.

Das Theater liegt ganz in der Nähe vom Hauptbahnhof. Im zweiten Rang kommt man zum Sitzen. Das ist so hoch, dass einem ganz schwindelig wird beim Runtergucken. *Ein Sommernachtstraum* spielt in Athen und dann in einem Zauberwald. Der eine wird von der anderen nicht geliebt. Sylvia meint: »So ein geiler Typ, da wüsste ich aber, was ich mache.« Dabei fällt Sylvia die Coladose aus der Hand. Alles erstarrt für einen kurzen Moment, auch die Schauspieler. Dennis ärgert sich, dass er nichts zu trinken dabeihat. »Ich könnte jetzt glatt 'ne Pfütze aussaufen«, meint er. Dennis muss jetzt unbedingt aufs Klo. Als er rausgeht, fällt die Tür laut krachend ins Schloss. Sergej schraubt seine Zweiliterflasche Cola auf. Henning bettelt ihn an, ob er nicht auch einen Schluck kriegen kann. »Nee«, sagt er, »das letzte Mal, als ich was von dir haben wollte, hab ich ja auch nichts gekriegt.« Ein paar Reihen vor uns beschwert sich ein Zuschauer. »Ruhe da oben!«

42

Am Ende kommt man zu dem Schluss, dass das Beste am Theaterstück der eine Typ war, der mit dem Eselskopf im Zauberwald eine Frau gepoppt hat. Man konnte dabei sogar ihre Unterhose sehen. Hinten hatte er einen roten Schwanz.

Und das mit dem Liebestrank war auch nicht schlecht, weil das alles durcheinanderbringt. Jeder liebt jeden. Irgendwann finden sich dann doch alle wieder. Das war alles ganz schön wild durcheinander, und obwohl sie so merkwürdig geredet haben, war es doch besser, als man gedacht hat. Das könne man doch ruhig noch einmal machen. Der Lehrer hält sich bedeckt. So einen Shakespeare muss er nicht jeden Abend haben. Wirklich nicht.

GRUND 17

Weil er auf Klassenfahrten gehen kann

Klassenfahrten sind die Highlights im Leben eines Lehrers. Endlich raus aus dem alltäglichen Schultrott. Die Begeisterung lässt aber schon nach, wenn es an die Vorbereitungen geht. Es gilt, sich auf ein Reiseziel zu einigen. »Wir fliegen nach Hawaii!« – kommt bestimmt bei den Schülern gut an, stößt aber wohl doch auf Ablehnung bei den Eltern. »Ja, meine Güte, sind Sie denn total verrückt? Wer soll denn das bezahlen? Geht das nicht alles eine Nummer kleiner?«

Ist dann nach langem Ringen Einigkeit über das Reiseziel erzielt, muss der nächste Elternabend überstanden werden.

»Muss das denn so teuer sein?«

»Sind unsere Kinder dort auch sicher?«

Nach überstandenem Elternabend steht die Buchung in der Jugendherberge an. »Welcher Termin ist denn überhaupt noch frei?«

Eine Begleitung braucht er auch noch. Der Schulleiter sieht es gar nicht gern, wenn eine Kollegin mitfährt. Fällt doch wieder viel zu viel Unterricht aus.

»Wie wäre es denn mit der Mutter eines Schülers?«

»Oh nee, das geht nun gar nicht.«

Und schweren Herzens lässt der Schulleiter dann doch zu, dass eine erfahrene und durchsetzungsfähige Kollegin mitfahren darf. Das erleichtert die Sache enorm.

Und dann ist es endlich so weit. Rein mit der Klasse in den Zug nach München. Auf den Sitzplatzreservierungen niederlassen. Eine alte Oma verbellen, weil die sich aus Versehen auf einen reservierten Platz gesetzt hat. Sie wäre auch so auf die Flucht gegangen. Gepäck ins Gepäckfach. Zum Gepäckfach, Tasche raus, MP3-Player raus, MP3-Player an, Ohrenstöpsel rein, Spielkarten raus, Tüte auf, Gummibärchen raus, Gummibärchen rein, *Bravo* raus, alles wieder rein in die Tasche. Tasche ins Gepäckfach, alles wieder raus. Entnahme der Dinge in unterschiedlicher Reihenfolge, mehrfache Wiederholung, mit Freundin zur Toilette, wieder zurück, mit Freundin zum Freund, wieder zurück, mit Freundin zur Toilette, wieder zurück, Tasche raus, Tasche auf, Cola raus, Dose auf, Dose weg, Tasche zu, Tasche weg.

Auf dem Klo wird heimlich »Alk« getrunken, eine ganze Flasche Korn. Vom Klo zurück, fallen zwei Schüler dem Lehrer vor die Füße. Der eine kotzt im Stehen, der andere im Liegen. Alle Schüler und die begleitende Lehrkraft flüchten aus dem modernen Großraumwagen der Deutschen Bahn, nur der Lehrer bleibt. Der versucht, die beiden auf die Sitze zu ziehen. Im Abteil riecht es säuerlich. Die Kotze ist zum Teil in die Ritzen der Sitze gelaufen, man kann noch erkennen, dass sie vorher bei McDonald's gewesen sein müssen. Der Big Mac ist noch fast unverdaut.

Der Schaffner kommt, sieht, in welchem Zustand der moderne Großraumwagen der Deutschen Bahn sich befindet. »Alles sofort wieder sauber machen, aber ein bisschen dalli«, meint er in einem leicht genervten Ton. Die Fahrscheine will er nicht sehen. Inzwischen liegen die Schnapsleichen auf der Seite und wirken wie tot. Immerhin atmen sie noch. Mit den Papiertüchern aus der

Toilette kann der Lehrer die Reinigungsaktion starten. Jetzt steigt es langsam auch bei ihm hoch. Ja, manchmal ist es nicht leicht, Lehrer zu sein.

Er geht in den Speisewagen. Da bestellt er sich einen großen Cognac. Ein Schüler kommt vorbei und belehrt ihn, dass der Lehrer im Dienst keinen Alkohol trinken darf. Ein Zuggast meint, dass es für einen Lehrer doch wunderbar sein muss, mit neugierigen jungen Menschen eine Reise zu machen. Da wird man doch wieder jung. Und dann wird man dafür auch noch gut bezahlt. Da kann man ja richtig neidisch werden. Der Lehrer schweigt, denn er weiß es mal wieder besser.

GRUND 18

Weil Klassenfahrten so manche Überraschung bieten

Am Nachmittag in München angekommen, sind die Alkoholgeschädigten halbwegs wieder am Leben. Sie gucken ein bisschen unglücklich aus ihren vollgekotzten Klamotten. Der Lehrer zeigt seine Säuernis über ihr Verhalten und kann das überhaupt nicht witzig finden. Am späten Nachmittag sind sie in Oberammergau, dem Ziel ihrer Reise. Den Weg bis zur Jugendherberge müssen sie zu Fuß gehen. Jeder trägt seinen Koffer selbst. »Oh Mann, wenn ich das gewusst hätte, wäre ich nicht mitgefahren.«

In der Jugendherberge hängt eine Hausordnung. Sie ist mit der Hand geschrieben: *Eine Jugendherberge kann ohne ein gewisses Maß an Ordnung nicht bestehen, der junge Wanderer, der des Nachmittags oder am frühen Abend ankommt, begebe sich in den Waschraum im Keller zur gründlichen Säuberung. Er lege sein Gepäck ordentlich in die Gepäckfächer und wechsle seine Wanderschuhe in Hausschuhe. Die Wanderschuhe reinige er über dem Schuhputzroste. Dann begebe*

45

er sich ins Erdgeschoss, wo er sich von der Herbergsmutter eine warme Mahlzeit geben lässt.

Natalja kommt in High Heels zum Essen. Was das denn bitte schön solle. »Das sind meine Hausschuhe.« Zum Abendessen gibt es Spaghetti bolognese. Als die islamische Schülerin das mitbekommt, dass sie Schweinefleisch gegessen hat, rennt sie schnell aufs Klo. »Das Essen schmeckt scheiße!« Haakan isst nichts. »Gibt's hier in diesem Kaff denn kein McDonald's?« – »Wie jetzt? – Wir müssen die Tische abwischen? Ich mach das nicht.«

Jeder Gast sollte sich willig der Hausordnung fügen, denn jeder Gast ist mitverantwortlich für Zucht und Ordnung in der Jugendherberge. Die Jugendherberge beruht auf Selbstzucht und Selbsthilfe. Alle Gruppenführer achten darauf, dass die Räume vor dem Abrücken gesäubert, die Betten hergerichtet und die Wasch- und Kochgelegenheiten sauber hinterlassen werden, denn die Sauberkeit ist eines der ersten Gebote für jeden Herbergsgast. Es sei auch vor dem Schlafengehen darauf zu achten, dass die Füße gewaschen und ein weißer Nesselschlafsack benützt wird und bis spätestens 22.00 Uhr die Gäste ihr Lager beziehen.

»22 Uhr Bettruhe? Was soll das denn?« Das Beziehen des Bettes und das Einräumen der eigenen Sachen in den Schrank erweisen sich als schwierig. »Das kann ich nicht. Das hab ich noch nie gemacht. Das können die Mädchen machen.« – »Du verpestest mit deinen Stinkemauken hier die ganze Luft, du alte Sau!«

Die Gäste müssen getrennt nach Geschlechtern untergebracht werden. Die festgelegte Ruhezeit ist unnachsichtig einzuhalten. Man störe auf keinen Fall ruhende Gäste im Schlaf.

Zwei Türken stehen auf dem Flur. Sie haben ein weißes Tuch um die Stirn gebunden. Auf dem Tuch sind japanische Zeichen geschrieben. Einer fragt eine Schülerin aus der Gruppe des Lehrers, ob sie mit ihm ficken will.

In der Nacht ist viel Verkehr auf den Fluren. Anfänglich greift der Lehrer noch ein, indem er sich auf den Flur stellt und an der

Tür lauscht, das Licht in den Zimmern wieder ausschaltet und die Mädchen beziehungsweise Jungs wieder aus den Betten treibt, in die sie sich verirrt haben. Irgendwann ist es ihm zu blöd und er legt sich schlafen. Er kann sich am Ende wirklich nicht um alles kümmern.

Aufnahme in der Jugendherberge finden in erster Linie Wanderer, Radfahrer, Bootsfahrer, Skiläufer, nicht aber Personen, die ihren Lebensunterhalt durch Betteln und Hausieren bestreiten. Pkw-Reisende finden keine Aufnahme. Kfz-Fahrzeuge sowie Fahrräder mit Hilfsmotor dürfen auf dem Gelände der Jugendherberge nicht abgestellt werden.

Überall soll der Wanderer ein sauberes sicheres Heim vorfinden, das ihm das Elternhaus in der Fremde ersetzt, sei es auch nur für eine Nacht, das ihn nicht ausbeutet, das ihn vor schlechter Gesellschaft bewahrt, damit er anständig und sauber bleibt und nicht mit trüben Erfahrungen in zweifelhaften Unterkünften nach Hause zurückkehrt.

GRUND 19

Weil er auf Klassenfahrten lernen kann, was er sich und den Schülern zumuten darf

Es ist aber doch wirklich was Besonderes, wenn man mit seinen Schülern auf Klassenfahrt in den bayrischen Bergen sein darf. So was erlebt man nicht in anderen Berufen. Das ist einmalig. Die Sonne scheint intensiv, der Schnee knirscht unter den Füßen, alle sind gut drauf. Da kann man doch Berge versetzen, beziehungsweise auf sie steigen, oder erst einmal lieber mit der Seilbahn auf den Berg.

Was für ein Ausblick! Bis zur Zugspitze und zu den österreichischen Bergen kann man sehen. Der Ausblick allein ist aber auf die Dauer für Schüler nicht tagesfüllend. So geht es schnell über in eine lautstarke Schneeballschlacht, die die anwesenden Erwachsenen leicht indigniert aufblicken lässt. Wenn man das gewusst hätte, dann wäre man wohl lieber im Tal geblieben. Ein Paraglider mit seiner Gerätschaft zieht die Aufmerksamkeit der Schüler auf sich. Aber da der so endlos braucht, bis er endlich losfliegen kann, verliert man schnell die Geduld. Und so wird das nähere Gebiet untersucht. Man könnte doch in Richtung Ettal den Berg absteigen. Nein, nein, das kommt gar nicht infrage, das erlaubt der Lehrer nicht. Das ist alles viel zu gefährlich. Solche Bedenken akzeptiert ein Schüler nicht, was soll denn da bitte gefährlich sein? Schüler können, wenn sie sich etwas in den Kopf gesetzt haben, sehr nachhaltig Dinge einfordern. Och, ist das langweilig, dann hätte man ja auch zu Hause bleiben können. Nichts wird einem erlaubt, gar nichts, ist hier bald wie im Gefängnis. Es verlangt schon viel innere Härte, um sich da durchzusetzen. Weicher veranlagte Lehrer geben der Forderung nach. Man will ja als Lehrer auf einer Klassenfahrt nicht der Spielverderber sein. Also gut, aber nur mit sechs Schülern, und die Kollegin soll dann mal mit dem Rest der Klasse mit der Seilbahn wieder runter in den Ort fahren.

Zuerst folgen sie einer ausgetretenen Spur. Glückselig stürzen sie sich die Abhänge hinunter. Einer lässt sich sogar zur Aussage hinreißen, dass das die geilste Klassenfahrt der Welt sei. Schüler wollen nun mal auch die körperliche Herausforderung. Aber Glückseligkeit und Horror liegen oftmals nicht weit auseinander.

Der Schnee wird tiefer, kein ausgetretener Pfad ist mehr zu sehen. Es wird stiller in der Gruppe. Jeder hat jetzt mit sich zu tun. Umgestürzte Tannen, überfrorene Bäche und steile Abhänge sind zu überwinden. Eine Alm liegt vor ihnen. Sie ist bereits schneefrei, aber sehr rutschig und steil. Einer der Schüler verliert den Halt und zieht sich Schürfwunden und eine Schnittwunde am Oberschenkel zu. Der Schnee färbt sich rot. Nervöse Anspannung macht sich breit. Markus will nicht mehr weitergehen. Er hat Angst. Endlich kommen sie in einen Tannenwald. So können sie von Baum zu Baum den Abstieg ins Tal überwinden. Vor ihnen liegt ein tief

verschneiter Weg, der wohl seit Wochen nicht mehr betreten wurde.
Dann wird ein schneegeräumter Weg erreicht. Ein Schild am Rande
der Straße weist darauf hin, dass der Aufstieg zum Berg gesperrt
ist. Es besteht Lebensgefahr. Markus meint, dass ein Lehrer nicht
immer auf die Forderungen der Schüler eingehen sollte. Das war ja
lebensgefährlich. Die Kleider dampfen in der Sonne. Markus wird
mit dem Taxi nach Garmisch gebracht. Seine Schnittwunde wird
im Krankenhaus versorgt. Er ist um eine Erfahrung reicher und der
Lehrer auch. Nur so lernt der Mensch.

GRUND 20

Weil er gern vor Gericht erscheint

Dem Lehrer ist es ein Anliegen, den Schüler für die Gesellschaft
zu formen. Ihm die demokratischen Einrichtungen vor Augen zu
führen, die Gewaltenteilung als einen großen Schritt vom Barbaren-
tum zur modernen Gesellschaft zu präsentieren. Da ist es wichtig,
auch mal mit den Schülern zu einer Gerichtsverhandlung zu gehen,
um zu sehen, was für Abgründe sich auftun in der heutigen Zeit.
Bestimmte Verhaltensweisen ziehen eben die unnachsichtige Ver-
folgung durch den Staat nach sich.

Das kann ganz schön dauern, weil die ersten Angeklagten nicht
erschienen sind. So sitzt man da, muss eine halbe Stunde warten,
bis der nächste Fall aufgerufen wird. Die meisten verhandelten Fälle
drehen sich um »Alkohol am Steuer«.

Ja, das könne sich der Angeklagte auch nicht erklären. Er dachte,
er sei noch fahrtüchtig. Und dass er danach im Straßengraben ge-
landet sei? Ein großes Rätsel, kann er sich nun erst recht nicht erklären. Da muss er ja wohl irgendwie geblendet worden sein. »Am
Alkohol, Herr Richter, hat es bestimmt nicht gelegen. Ich ver-
mute mal eher, dass es sich um eine persönliche Racheaktion des

Polizisten handelt.« Dann wird er am Ende zu mehreren Tages-
sätzen verurteilt und zum Führerscheinentzug für ein halbes Jahr.
»Lassen Sie sich das eine Warnung sein!«, kriegt er vom Richter mit
auf den Weg gegeben. Das kann ein Lehrer nur nickend zur Kenntnis nehmen und seine Schüler bedeutungsschwanger ansehen.
Wirkt ja dann viel glaubwürdiger, als wenn er das als Lehrer sagt.

Auch die nächste Verhandlung ist doch ein wunderbares Lehr-
stück für die Schüler, denkt er so bei sich, wo ein Polizist einen
Fußgänger angezeigt hat, der bei Rot über die Straße gegangen
ist. Der Richter rollt mit den Augen, was das denn bitte hier vor
Gericht zu suchen habe, das möchte er gerne mal wissen. Wieso
es denn da zur Anzeige gekommen sei. Na ja, der Fußgänger hat
zum Polizisten gesagt, er sei nicht bei Rot, sondern bei Grün über
die Straße gegangen, und im Übrigen könne er ihn mal am Arsch
lecken. Das hat dann den Polizisten so in Rage gebracht, dass er fünf
Peterwagen über Funk zur Hilfe angefordert hat. Da musste der
Fußgänger seinen Namen und seine Adresse rausrücken und wurde
wegen Beamtenbeleidigung angezeigt. Und deshalb ist er heute hier.

Daraufhin wird der Richter dermaßen ungehalten, was das denn
nun wieder bitte soll, ihm hier die Zeit zu stehlen. Nun sollen sie
sich die Hand reichen – also der Polizist und der beschuldigte
Fußgänger – und die ganze Sache vergessen. Und dann bitte ganz
schnell raus hier. Man hat ja schließlich noch wichtigere Dinge zu
erledigen. Solche Geschichten, weiß der Lehrer, kann man nicht in
der Schule erleben, dazu muss man rausgehen.

GRUND 21

Weil er mit seinen Schülern
in die Kunsthalle gehen kann

Der Lehrer meint, dass man, bevor man die Schule verlässt, auch mal ein Museum von innen gesehen haben sollte. So kommt er auf die Idee, in die Kunsthalle zu gehen. Er nimmt Farbstifte und Zeichenblöcke mit. Die Schüler hängen ihre Sachen in der Garderobe des Museums auf und sollen sich nun Bilder ansehen, von Picasso und Klee und wie die Meister so heißen.

Markus will nicht mit rein. Er sagt: »Das kann mich hier alles nicht erfreuen.« Er soll sich mal nicht so blöde anstellen, schließlich war ja bekannt, was heute passieren soll, vielleicht ist es ja besser, als er denkt. »Okay«, sagt er, aber seine »Brad-Atlantis-Long-Beanie-Mütze« will er aufbehalten, davon bringt ihn keiner ab.

Die Frau von der Garderobe sagt: »Die Mützen werden hier abgenommen!« – »Dann geh ich auf keinen Fall mit rein. Ich kann ja so lange bei McDonald's warten«, sagt er.

»Dann rufe ich jetzt deine Eltern an, dass du dich weigerst, am Unterricht teilzunehmen«, sagt der Lehrer. Da kommt er lieber mit. Eine Frau vom Museumsdienst erzählt etwas über die Maler und ihre Bilder. Ein Handy klingelt. Es ist das von Frauke. Sie lässt sich auf ein längeres Gespräch ein. Katja und Bettina können nicht mehr stehen. Maike gähnt, Marie guckt sich die Decke an und Henning muss dringend zum Klo.

Nun sollen die Schüler ein Bild abmalen, das sie gut finden. »Und was sollen wir machen, wenn wir keins gut finden?«, fragt Maike.

Die Frau sagt: »Nichts anfassen, die Bilder sind Millionen wert.« Markus sagt: »Was, so'n Scheiß ist so viel Geld wert?«

Am Ausgang der Kunsthalle liegt ein Besucherbuch. Jeder kann da was reinschreiben. Markus schreibt: »Ich fand das hier total gelangweilig. Die Frau war blööt. Wir hatten überhaupt keinen

Schpaß. Wir musten Bilder mahlen. Ich hab mir meine Levis versaut. Scheiß Haus hier! Markus.«

Der Lehrer liest sich den Text durch und schreibt dazu: »Deutsch müsste man können.«

In der U-Bahn auf dem Weg nach Hause kann man vom Fenster aus viele Graffiti sehen. »Das ist aber nun echte Kunst«, sagt Henning.

GRUND 22

Weil er die Schüler an die Vergänglichkeit des Lebens erinnern kann

Gestern ist dem Lehrer das Gehege seiner Zähne ins Wort gefallen, wie Heinz Erhardt sagen würde. Aber so schlimm war es dann eigentlich auch wieder nicht. Es ist ihm beim Bonbonkauen eine Plombe herausgefallen. Kein Problem für einen Zahnarzt, so was wieder einzusetzen. Einem sensiblen Geist aber, und das ist ein Lehrer nun mal, wird damit die Vergänglichkeit des Menschendaseins vor Augen geführt. Was ihn dann wieder ganz klein und demütig werden lässt. Aber der Lehrer wäre kein Lehrer, wenn er das nicht als Thema für seine Schüler gebrauchen könnte.

Und so machen sie sich auf, einen Friedhof zu besuchen. Sollen mal auf die Gräber achten, lauschen, hören und sehen. Vielleicht sprechen da ja die Toten mit ihnen. Sie haben uns vielleicht etwas zu sagen. Es hat aber niemand gesprochen. Der Lehrer gibt zu bedenken, nicht alles so wörtlich zu nehmen. Die Inschriften sagen doch auch etwas. Ja, toll: »Ruhe sanft!« Wie soll man denn hier bitte sanft ruhen? Bei dem harten Acker und der Kälte. Alles gelogen.

Auf einem Grab steht: *Heinrich Martens in der Blüte seiner Jahre am 11.6.1918 in Verdun/Frankreich gestorben.*

Jemand meint, dass er dort wohl Urlaub gemacht hat und dann bei einem Autounfall ums Leben gekommen ist. Ein anderer sagt, dass es damals noch gar keine Autos gab. Wahrscheinlich ist er im Meer ertrunken. In der Ecke am Ausgang steht ein grauer Stein. Darauf steht: *Nicolai Krasnikow* und dann nichts weiter als *1944*. Das hört sich ganz schön russisch an. »Der hat hier bestimmt Urlaub gemacht oder war Gastarbeiter.«

Auf einem anderen Stein steht: *Erwin Paulsen verm. 1943 in Russland.* Was wollte der denn in Russland? Und was soll »verm.« bedeuten? Ein Schüler meint, dass er so was Ähnliches schon mal bei den Wohnungsanzeigen gelesen hat. Das heißt wahrscheinlich »vermietet«. Der hat dann bestimmt in Russland gewohnt und ist da gestorben.

»Friedhöfe sind die Geschichtsbücher der Völker«, sagt der Lehrer.

Lieber Korn im Bauch
als Stroh im Kopf.

KAPITEL 4

Ein Pädagoge muss Macken haben

GRUND 23

Weil er Radiergummis liebt

Auch wenn der Computer in der Schule allmählich die Oberhand gewinnt, braucht man in der Schule heute immer noch Radiergummis, oder Ratzefummel, Raditschis, Ratzer, Radierer. Der Vorschlag, einen Radierer Ratzinger zu nennen, also in der angewendeten Form: »Kann ich mal deinen ›Papa Ratzi‹ haben?«, hat sich bis jetzt noch nicht durchgesetzt und es wird wohl auch nicht mehr dazu kommen. Österreicher sollen ja von einem »Radetzki« sprechen.

Der Ratzefummel kommt zum Einsatz, wenn man mit dem Bleistift auf Papier gezeichnet oder geschrieben hat, man aber mit dem Ergebnis nicht zufrieden ist. Die Teilchen, die man mit dem Bleistift – Schülersprache Bleier – auf das Papier abgegeben hat, nennt man Grafitteilchen, die am Papier haften. Diese Teilchen kann man nun radieren, also abkratzen oder abschaben, denn das Wort »Radierer« kommt mal wieder aus dem Lateinischen, abgeleitet von »radere«.

Der Radierer besteht aus Kautschuk oder Kunststoff. Die Kunst des Radierens will gelernt sein; rubbelt man auf dem Papier hin und her, ergeben sich auf dem Papier hässliche Wellen und unsensible Benutzer eines solchen Gerätes, sprich Schüler, schaffen es sogar, sich durch das Papier zu arbeiten bis auf die Tischplatte, das Papier auf Papierstärke null zurückzufahren, was für einen Lehrer einer inneren Verletzung gleichkommt. Besser ist es, das Papier mit den Fingern an der Fehlerquelle zu spannen und dann immer in eine Richtung und vorsichtig von links nach rechts das Gerät zu benutzen.

Wenn ein Schüler weiß, dass er beim Lösen von Aufgaben nicht so sicher ist, so wird er seiner inneren Stimme folgen und nicht zu fest seine Ergebnisse auftragen. Ein einmal tief eingedrücktes Zeichen lässt sich auch durch hohe Kunstfertigkeit beim Radieren nicht wirklich entfernen. Es bleiben immer Spuren der Irrung zurück. Der klassische Radierer, auf der einen Seite rötlich eingefärbt für Grafitentfernungen, auf der anderen Seite bläulich für Tintenentfernungen, tritt allmählich seinen Rückzug an.

Ein ordentlicher Schüler legt nach Benutzung den Radierer wieder zurück in seine Federtasche, wobei es bei manchen Federtaschen extra eine Gummibandhalterung gibt, die das unkontrollierte Herumfliegen des Ratzers in der Federtasche verhindert.

Heute wird der klassische Radiergummi verdrängt durch den Kunststoffradierer, der in Form einer Giraffe, eines Maikäfers, eines Löwen usw. auf dem Markt ist. Vorausdenkende Lehrer haben auf ihrem Pult Ratzer für alle ausgelegt. Das kann wieder zu Spannungen im Unterricht führen: »Nee, den nehm ich nicht, die Giraffe hat ja gar keine Beine mehr!«

Natürlich kann man, wie alles, einen Radierer auch zweckentfremdet einsetzen, also ihn so lange auf der Tischplatte unter Zurücklassung von hässlichen Schleifspuren hin und her reiben, bis er sich völlig aufgelöst hat und dann die Streusel dem Nebenmann in die Schultasche pusten, was wieder nicht unbedingt zur Erhaltung des allgemeinen Schulfriedens beiträgt.

Wer nur mit einem Geha, Lami oder Pelikan schreibt, braucht keinen Ratzer, er braucht einen Tintenkiller.

Bei der Textverarbeitung am Computer braucht man keinen Ratzer mehr, sondern ein Rechtschreibprogramm, das man sich kostenlos aus dem Internet runterladen kann. Das zeigt dann automatisch die Fehler an, oh, wie langweilig. Da braucht es ja keinen Lehrer mehr.

Ein sensibler Lehrer trauert der Zeit nach, als Radiergummis intensiv benutzt wurden – hatte es doch so was Sinnliches.

GRUND 24

Weil er das Kaugummikauen in der Stunde nicht mag

Kaugummi ist eine relativ feste Masse, die sich durch unentwegtes Kauen zu einer weichen Masse verändert und sich auch nach Stunden des Kauens nicht auflöst. Aus der Geschichtsforschung weiß man, der Steinzeitmensch hat auf besonderen Baumharzen gekaut. Es war also schon immer beliebt. Kaugummikauen soll der Gesundheit förderlich sein, es regt den Speichelfluss an, bereitet so den Magen auf Verdauung vor, regt die Durchblutung des Kopfes an und stärkt die Konzentration. Das Kauen fördert die Kalorienverbrennung, reduziert damit das Körpergewicht, den Blutdruck und entlastet den Körper in Stresssituationen, außerdem kann man mit Frusterlebnissen besser umgehen. Das ist alles wissenschaftlich belegt, kann der Lehrer noch so viel sagen, is' so, man leider.

Man kann das Kaugummi in die Länge ziehen und dem vor sich sitzenden Mitschüler in die Haare schmieren. Dann gibt es Ärger. Geschickte Kaugummikauer können eine Kaugummiblase erzeugen, die sie dann auch noch platzen lassen können.

Am Ende ist das Kaugummi ausgekaut und alle Möglichkeiten der Nutzung sind durchgespielt. Dann spuckt man es weg. Wenn man das nicht in den Mülleimer tut, gibt es wieder Ärger, denn ein in den Teppichboden getretenes Kaugummi ist ein hässliches Zeichen für die Ewigkeit. Ist das passiert, wird der Lehrer vom Hausmeister an seine Aufsichtspflicht erinnert: »Wie ist das denn nun wieder möglich, kriegt man doch nie wieder raus. Die Putzfrauen müssen dann wieder sehen, wie sie damit klarkommen. Das werden Sie doch wohl verhindern können. Das gelingt doch den anderen Lehrern auch.«

Außerdem nervt das Kaugummikauen den Lehrer, weil es absolut bescheuert aussieht, weil für ihn der Schüler damit sein Desinteresse zeigt. »Ey, Alter, du langweilst mich. Mach mal ein bisschen Programm, unterhalte mich.«

Wenn dem Schüler nicht einsehbar zu machen ist, dass das Kaugummikauen in der Schule nicht erlaubt ist, kann der Lehrer ja immer noch mit der Schulordnung kommen, auch wenn es nicht unbedingt drinsteht. Also, Grenzen setzen!

GRUND 25

Weil er das alte Schulfotolabor nicht auf den Müll wirft

Der Lehrer bietet sehr gern Arbeitsgemeinschaften an, hier kann er sein Hobby zum Thema machen. Da ist er ganz bei sich. Da weiß er Bescheid. Die Fotografie ist sein Ding. Seine alte Kamera liebt er über alles. Seine Schüler fragen ihn beim Anblick seiner Spiegelreflexkamera, wo man da denn den Chip reinsteckt, und wo denn das Display ist.

»Zeig mal, zeig mal! Wie ist das Foto denn geworden? Zeig mal!«

Nein, nein, so schnell geht das mit der alten Fotografie nicht. Das braucht Zeit und Ruhe! Da muss erst einmal ein Schwarz-Weiß-Negativfilm sorgfältig eingelegt und belichtet werden. Dann muss man den Film ins Labor geben; Negativfilme selbst zu entwickeln, wagt er gar nicht mehr mit seinen Schülern. Und es geht hier nicht um »schnell schnell«, sondern um wahre Fotografie. Und was ist denn bitte ein Negativfilm? Na, da wird auf einem Film eben das Bild andersherum abgelichtet. Schwarz ist da weiß und weiß ist schwarz. Und davon kann man dann Positivbilder machen.

»Oh mein Gott, ist das langweilig, das dauert ja ewig.«

»Ja, da muss man sich schon mal bis zur nächsten Woche gedulden.«

»So, und wie soll das nun weitergehen? Das ist doch völlig überholt, das braucht man doch wirklich nicht mehr zu lernen.«

Der Gang in das Fotolabor wird dann zum Abenteuer. Rotlicht an, das macht schon mal Stimmung. Ist ja wie auf St. Pauli.

In der ersten Schale den Positiventwickler in einem bestimmten Verhältnis mit Wasser mischen, dann das Stoppbad und am Ende das Fixierbad. Wehe, wenn jetzt einer das Licht anmacht, dann gibt es aber Ärger! Vergrößerungsapparat anschalten, Negativ in den Lichtkanal einspannen, das Objektiv öffnen, scharf stellen, die rote Abdecklinse davor, Fotopapier aus der Plastikfolie nehmen, in den Lichteinfall des Vergrößerungsapparates legen, Abdecklinse weg, zehn Sekunden belichten und belichtetes Fotopapier in den Entwickler legen. Jetzt auf das Wunder warten. Man kann zusehen, wie das Bild entsteht! Ist das nicht unheimlich aufregend?

Er lässt seinen Blick umherschweifen. Nicht alle sind von dem Aufwand überzeugt. Sie werden wohl auch nicht begreifen, was Fotografie bedeutet: mit dem Licht zeichnen. Aber das ist ihm egal, er wollte den Schülern ja eigentlich auch nur demonstrieren, wie viel Kultur wegbricht, wenn die Menschheit sich modernen Techniken zuwendet. Wieder wird dem Menschen ein Zauber genommen. Die Fotografie verkommt zu einem technischen Schnickschnack im Smartphone. Die Aufnahmen kann man dann ganz schnell in die ganze Welt verschicken. Wozu auf Papier ausdrucken? Dann doch viel lieber auf Facebook hochladen.

Für den Lehrer ist das vergleichbar mit der Kultursünde, die dem Genitiv passiert, dem allmählich auch die Puste ausgeht, der vom Dativ gefressen wird. Ein wenig traurig verlässt er das Fotolabor. In den Händen halten die Schüler ihre Fotoabzüge.

»Is' ja noch nich' mal in Farbe.«

GRUND 26

Weil er gern mit roter Tinte schreibt

Natürlich gibt es Lehrer, die ihre Korrekturen und Anmerkungen mit dem roten Kuli oder Filzer machen. Dieser Lehrertyp ist jetzt mal nicht gemeint, sondern der Ästhet, dem ein schönes Schriftbild lebensnotwendig erscheint. Was nützt eine Botschaft an den Schüler, wenn sie kaum lesbar ist, sich sozusagen der grafischen Zumutung des Schülers anpasst. Wo bleibt denn da das Vorbild? Nein, nein, so etwas kommt bei solcherart Lehrer nicht infrage.

Am liebsten schreibt er deshalb mit dem Füllfederhalter oder, kurz, Füller. Hier kann er sich entscheiden, ob er seinen Füller mit einer Tintenpatrone benutzen oder doch lieber mit einem Füller schreiben möchte, den er mit Tinte aus einem Tintenfass betankt. Das gibt ihm die Ruhe, die er braucht, um sich dann wieder mit den Unzulänglichkeiten schülerischer Äußerungen auseinanderzusetzen. Das Aufziehen der Tinte mit einem Kolbenfüller ist fast schon ein erotischer Akt, zumindest ein sinnlicher, der einen Lehrer beflügelt und ihn daran glauben lässt, dass er eine neue, bessere Welt schaffen kann.

Die Form des Betankens aus einem Tintenfass gehört nicht in die Hand eines Schülers, ist also nur dem Lehrer vorbehalten. Nicht auszudenken, was passieren würde, wenn der Schüler sein Tintenfässchen mit in die Schule brächte. Das verlangt schon einiges an Kulturerfahrung, verlangt Geschicklichkeit, Disziplin und Ruhe. Würde der Schüler mit so einem Kulturgut alleine gelassen, wären die Umweltverschmutzungen durch den Schüler vorhersehbar.

»Mein Füller kleckst!«

Oder: »Klaus hat mein Tintenfass umgestoßen.«

»Stimmt gar nicht, warst du selber.«

Der Unterricht wäre nach solchen Aktionen wohl kaum noch möglich.

»Tinte« bedeutet im Lateinischen »gefärbtes Wasser« und hinterlässt besonders auf Kleidungstücken Flecke, die nur sehr schwer wieder zu entfernen sind.

Als Tintenfarbe steht dem Schüler Blau zur Verfügung (eine Mischung aus Wasser und Triarylmethan). Rot ist dem Lehrer vorbehalten (eine Mischung aus Wasser und Eosin). Das verleiht ihm einen anderen Rang, beweist, dass er in einer anderen Liga spielt. Er hat die Autorität, seine Bemerkungen an den Rand zu schreiben, Worte zu streichen, sogar ganze Sätze, Unterstreichungen, Kringellinien, Ausrufungszeichen und Bemerkungen zu machen. Was er schreibt, ist Gesetz: »Das solltest du noch mal genauer durchdenken«, oder unter dem Aufsatz: »Im Wesentlichen hast du die Aufgabe bewältigen können, deine Rechtschreibung ist aber so schlecht, dass sie den Gesamteindruck erheblich negativ beeinflusst. Deshalb nur 4!« Das gibt ihm ein Gefühl der Überlegenheit, der Erhabenheit.

Der Rolls-Royce unter den Füllfederhaltern ist der »Montblanc Meisterstück 149«, der seit 1924 in fast unveränderter Form hergestellt wird. Er ist von Hand gefertigt und hat eine 18-Karat-Goldfeder mit Platinintarsie. Der Korpus aus schwarzem Edelholz macht das Schreibgerät zu einem Ereignis. Wer einmal damit geschrieben hat, wird nicht mehr von ihm lassen können. Leider wird gemunkelt, dass dieser Füllfederhalter bald ein Auslaufmodell sein könnte. Das sollte man aber nicht wörtlich nehmen. Er kostet einiges, aber zum Geburtstag oder Weihnachtsfest darf es schon mal etwas Besseres sein. Gut wäre es da noch, wenn der Lehrer in so ein gutes Stück auch noch den Namen eingraviert. Es gibt Kollegen, man soll es kaum glauben, die sich hemmungslos an Schreibgeräten der Kollegen bedienen.

GRUND 27

Weil er gern mit Kreide auf der Tafel schreibt

Der Lehrer hat ein besonderes Verhältnis zur Kreide. Hier ist nicht die Kreide gemeint, die ein Erdzeitalter im Mesozoikum benennt oder das Sedimentgestein. Das könnte wohl noch am ehesten einen Geografielehrer in Aufregung versetzen, wenn er auf seinen Exkursionen auf ebensolche Schichten trifft.

Nein, hier ist die schnöde Schulkreide gemeint, die aus Calciumcarbonat (Kalk) und Calciumsulfat (Gips) besteht und sich hervorragend eignet zum Schreiben oder Zeichnen auf der aufklappbaren grünen Wandtafel. Die Kreide ist lieferbar in runder und eckiger Form. Durch Beimischung von Farbstoffen kann auch bunte Kreide hergestellt werden. Sie eignet sich besonders gut für Hervorhebungen, damit der Schüler in der Grammatikstunde den Satzkern – auch Prädikat genannt – erkennt. Also, den Satzkern in Rot, die Subjektergänzung in Grün und die Satzergänzungen wie das Genitivobjekt in Gelb, das Dativobjekt in Lila und das Akkusativobjekt in Rosa. Und dann darunter in der entsprechenden Farbe die Fragewörter: Wer oder was? Wessen? Wem? Und wen oder was? Durch die Heraushebung der verschiedenen Satzteile durch die Farbe versteht dann wirklich auch der Dümmste die Grammatik. Doch alles ganz einfach. Der Kreide sei Dank.

Beim Schreiben mit der Kreide sollte der Lehrer unbedingt vermeiden, unangenehme Geräusche entstehen zu lassen. Quietschende Kreide führt bei der Schülerschaft meistens zu Unmutsäußerungen. Aber ein gebildeter Lehrer weiß natürlich, dass er das vermeiden kann, wenn er die Kreide in kleinere Stücke zerbricht und somit die Vibrationen beim Gleiten der Kreide auf der Oberfläche der Tafel unterbindet. Die zerbrochenen Kreidestücke führen dann aber leider oft in unbeaufsichtigten Phasen zu sachfremder Benutzung, häufig als Wurfgegenstand.

Das hält aber einen Lehrer nicht davon ab, die Kreide weiter zu gebrauchen, denn er liebt diesen archaischen Akt, an der Tafel zu schreiben und zu malen, es erinnert ihn an die Wurzeln der Menschheit, als die Vorfahren noch in den Felshöhlen von Altamira saßen und die bösen Geister der Welt durch Malereien an den Felsen ruhig stimmen wollten.

In der heutigen Zeit allerdings wird dem traditionell arbeitenden Lehrer immer mehr die Kreide entzogen. Man müsse auch an die Allergiker denken, die durch den entstehenden Kreidestaub in ihrem Wohlbefinden gestört werden, außerdem lässt sich der Lauf der Dinge auch durch so banale Dinge wie die Kreide nicht aufhalten. Es soll ja schon Klassen geben, in denen es keine Kreide mehr gibt. Der »Touchscreen« erobert die Klassenzimmer, ein kombiniertes Ein- und Ausgabegerät, das berührungsempfindlich ist. Damit kann man dann viel perfekter sein »Tafelbild« entstehen lassen. Es wäre aber vielleicht doch ganz gut, wenn man nicht gleich alle Tafeln aus den Klassen entsorgt, sondern weiter auf sie zurückgreifen kann. Ein kreidegewöhnter Lehrer wird nur schwer auf die Sinnlichkeit derselben verzichten können.

Die neue Entwicklung mit dem »Touchscreen« hätte dann aber vielleicht zur Folge, dass die eher abwertende Bemerkung über den Lehrer, er sei ein Kreidefresser, allmählich verschwinden würde.

GRUND 28

Weil er bestimmte Utensilien lieb gewonnen hat

Was für ein Halt für einen Lehrer in Zeiten des stetigen Wandels: Utensilien zu bewahren, die ihm eine gewisse unbewusste Unterstützung geben. Der Lehrer merkt es gar nicht, dass er seine Schultasche schon so lange hat. Er hat sie bei Klockmann in Hamburg für sage und schreibe 250 Mark gekauft. Sie ist aus purem Rindsleder.

Mit genau der richtigen Unterteilung. Vierzig Jahre hat er diese Tasche behalten. Die Schüler machen ihn schon manchmal an, wo man denn so etwas kaufen könne. In den Sattler hat er schon dreimal investiert, um den Griff und die Nähte reparieren zu lassen. Diese Tasche fuhr mit ihm 10.000-mal zur Schule, unterschiedlich gefüllt, mal schmalbrüstig, mal bis zum Bersten gefüllt mit zwei Klassensätzen Schülerarbeiten. So eine Tasche gibt man doch nicht her!

Der Inhalt seiner uralten »Federtasche« hat mit der eigentlichen Bedeutung nichts mehr zu tun. Keine Feder ist zu finden. Ist ja auch kein Tintenfass mehr in den Schülertisch integriert. Aber Bleistift, Anspitzer, Radiergummi und Kugelschreiber finden sich in der Federtasche wieder. Auch Overhead-Marker (non-permanent) sollten nicht fehlen. Zur Not auch ein Stückchen Tafelkreide.

Und da sind noch seine alten Bücher. Ab und zu stöbert er in den alten Unterlagen. Dann entdeckt er manchmal Erstaunliches. Scheint so, als hätte es alles schon gegeben. Und irgendwie fühlt er sich inspiriert. Zwar merkwürdige Sprache, aber genau das, was seine Schüler zum Denken anregen wird.

Was waren das noch für Zeiten, als man den eigenen Füller nutzte, um Bedeutsames zu Papier zu bringen. Man hatte ein Utensil, mit dem man sich vertraut fühlte. Da konnte man seinen Gedanken freien Lauf lassen.

GRUND 29

Weil er sein Schlüsselbund liebt

Nichts liebt ein Lehrer mehr als sein Schlüsselbund. Öffnet es ihm doch alle Türen der Schule. Es hängen viele Schlüssel dran, der Generalschlüssel für die Eingangstür, die Schlüssel für die Fachräume, für die Toiletten, für die Schränke im Chemie- und Physikraum, für den Computerraum, für den Anschluss der Computer, um die Geräte hochfahren zu können, für den Nebenraum des Kunstraumes, in dem die Materialien verschlossen sind, für das Fotolabor, für den Heizungskeller und so weiter.

Ist das Schlüsselbund ihm mal untreu geworden, also abhandengekommen, dann fällt der Lehrer in hektische Betriebsamkeit. Das äußere Ereignis des Verlustes des Schlüsselbundes oder zumindest des zeitweise verlustig gegangenen Schlüsselbundes führt dann zu einer inneren Spannung, die sich durch auffälliges Agieren nach außen bemerkbar macht. Da neigt der Lehrer zu Übersprunghandlungen wie ständiges Brilleputzen, Am-Pullover-Ziehen, Sich-am-Kopf-Kratzen. Er wird ganz fahrig, das rechte Auge fängt an zu zucken, er ist für nichts mehr aufnahmebereit. Seine Gedanken kreisen wie bei einer Schwangeren nur um das eine. Wann findet er endlich wieder sein Seelenheil, wann findet er endlich sein Schlüsselbund wieder? Ja, wo könnte es denn sein?

Auf dem Damen- oder Herrenklo, neben dem Kopierer, bei der Sekretärin auf dem Schreibtisch, im Elternberatungszimmer, beim Rektor unter dem Schreibtisch, bei der Kollegin in der Handtasche, auf dem Mattenwagen in der Turnhalle? Nein, da ist es nicht. Nach dem zweiten Tag des Verlustes wird schon mal der Kollege heimlich verdächtigt. Der kann einen doch sowieso nicht leiden, jetzt hat er sich was ganz Gemeines überlegt und will ihn ärgern. Oder der Hausmeister, der hat ihn bestimmt schon längst gefunden und gibt ihn nur noch nicht zurück, weil er ihm einen Denkzettel verpassen will, will ihn im eigenen Saft schmoren lassen. Wieder typisch für den. Lohnt sich doch gar nicht, den zu fragen. Kann man doch gleich vergessen.

Am dritten Tag kommt ihm dann doch der Hausmeister lächelnd entgegen und übergibt ihm sein Schlüsselbund, das eine Putzfrau gefunden hat. Es steckte in der Tür zum Kartenraum. Glücklicher kann man einen Lehrer wohl nicht machen. Die Augen leuchten, er fällt dem Hausmeister um den Hals und es fällt ihm ein riesengroßer Stein vom Herzen. Na ja, muss er mal drüber nachdenken, das ist vielleicht doch ein ganz netter Mensch. Da hat ihn seine Menschenkenntnis wohl im Stich gelassen.

Das passiert ihm aber nicht noch mal. Ein nächstes Mal wird es für ihn so nicht geben, das passiert ihm nie wieder, könnte er wetten, könnte er schwören. So hängt er sich sein Schlüsselbund um den Hals und daran noch den Auto- und Hausschlüssel. So hat er alles beisammen. Das hat zwar den Nachteil, dass er jetzt immer gebückt die Türen aufschließen muss, und es sieht ja auch zu blöde aus, mit so einem Monster von Schlüsselansammlungen um den Hals herumzulaufen. Aber er hat ja auch eine Verantwortung mit den Schlüsseln übernommen. Nicht auszudenken, wenn die in falsche Hände kämen. Schließlich hat er doch per Unterschrift den Erhalt bestätigt, also schriftlich bekundet, dass er eine besondere Fürsorge den Schlüsseln der Schule gegenüber angedeihen lassen will. Er will darauf aufpassen, dass sie nie, nie wieder verlustig gehen sollen. Im schlimmsten Fall müsste ja dann die gesamte Schließanlage ausgetauscht werden, kostet 20.000 Euro, mindestens.

Nee, nicht mit ihm. Trotz aller guten Vorsätze ist ihm sein Schlüsselbund dann doch wieder abhandengekommen. Er weiß auch nicht, wie das wieder passieren konnte. Nur, wenn er es heute nicht findet, muss er in der Schule übernachten oder warten, bis seine Frau ihn abholt.

GRUND 30

Weil er das Tafelsäubern liebt

Besorgte Eltern diskutieren darüber, ob es Schülern zuzumuten sei, die Tafel zu wischen. Zum einen gehen die Kinder in die Schule, um zu lernen und nicht um zu putzen, zum anderen sei Kreidestaub in den Augen der Kinder eine gesundheitsbeeinträchtigende Belastung. Diese Eltern kann ein Lehrer beruhigen. Unsensible Geister werden wohl nie begreifen, dass das Tafelwischen ein hochkomplexer Akt ist. Das bedarf jahrelanger Übung. Mit einem Tafeldienst hat er bisher schlechte Erfahrungen gemacht. Entweder ist derselbige viel zu früh zufrieden mit seiner Arbeit, weil er meint, dass ein leichtes Überwischen schon reichen würde, wobei dann noch die Spuren der letzten Stunden erkennbar sind. Oder es wird ein gleichmäßiges Verteilen der Schlämmkreide veranstaltet, was den Lehrer in die pure Verzweiflung treibt. So geht das nicht! Das kann nicht jeder, das muss der Lehrer selbst machen.

Meistens ist es ja Aufgabe des Hausmeisters, für die sächlichen Dinge in der Schule zu sorgen. Und so hat es sich eingeschliffen, dass er auch die Schwämme für die Tafel besorgt. Dem Lehrer kann das aber nicht recht sein. Das möchte er doch schon selbst entscheiden, ob er mit einem feinporigen rechteckigen Tafelschwamm, mit einem griffigen groben rechteckigen Tafelschwamm, mit einem Tafelreiniger mit Gummischwamm und praktischer Abstreifkante, mit einem Quellschwamm, der sich vergrößert, wenn er mit Wasser getränkt wird, oder mit einem unförmigen Naturschwamm, also 100 Prozent pflanzlichen Ursprungs, arbeiten möchte.

Der Schwamm ist ob seiner porigen Beschaffenheit das ideale Gerät zur Reinigung der Tafel. Der Schwamm darf nicht zu stark mit Wasser getränkt sein, sonst entstehen hässliche Wassertropfen, die unkontrolliert über die Tafel laufen und unästhetische Spuren hinterlassen. Ideal wäre der feuchte Schwamm, der keine oder kaum Spuren hinterlässt. Die Hand sollte sich unaufgeregt mit dem Schwamm unter leichtem Druck von oben nach unten bewegen. Der neue Ansatz zum Wischen sollte erst wieder beginnen, wenn der Schwamm die obere Kante der Tafel erreicht hat. Die ruhige Hand führt dann parallel zur bereits geputzten senkrechten Linie den Weg nach unten zur Tafelrinne. Das Ganze wiederholt sich, bis die Tafel in einem gleichmäßigen grünlichen Schimmer erscheint. Es gibt natürlich auch andere Techniken. So bevorzugt der eilige

Lehrer die kreisförmige Reinigung, weil sie der natürlichen Bewegung des Armes folgt. Sie ist schneller und es entsteht kein Leerlauf beim Putzen. Der Schwamm bleibt die ganze Zeit auf der Tafel. Das ist vom ökonomischen Standpunkt her betrachtet vorteilhafter.

Bevor man den Akt des Tafelputzens in Angriff nimmt, sollte man die trockene Kreide aus der Tafelrinne nehmen, sonst wird sie durch heruntertropfendes Wasser nass und man kann sie nicht direkt nutzen. Beim Wischen muss man unbedingt darauf achten, die ganze Tafel zu putzen, sodass nach Trocknung ein gereinigtes Gesamtbild entstehen kann. Da sollte man auch nicht auf die schriftliche Bemerkung des Fachkollegen achten, der an die Tafel geschrieben hat: *Bitte stehen lassen!* Da muss er wohl wieder ran in der nächsten Stunde, der faule Sack!

Nach dem Säubern der Tafel wird der Schwamm unter laufendem Wasser gereinigt. Hierzu lässt man den Schwamm volllaufen, bis er das Wasser nicht mehr halten kann. Dann wird er kräftig mit den Händen ausgedrückt. Dieser Vorgang wird so lange wiederholt, bis keine Kreidepartikel mehr im ablaufenden Wasser zu sehen sind. Dann kann er beruhigt den Schwamm in die Tafelrinne zurücklegen und sich jetzt den wichtigeren Dingen des Lehrerdaseins widmen, dem Unterrichten.

GRUND 31

Weil er seine Sprüche liebt

- »So …«
- »Denkt selber mal darüber nach. Ich hab da jetzt momentan auch keine Lösung.«
- »Wer kann noch mal wiederholen, wo wir in der letzten Stunde stehen geblieben sind?«
- »Super!«

- »Sophie, werde doch mal deinem Namen gerecht: Sophie, die Weise. Schade, dass man so gar nichts davon merkt.«
- »Das glaub ich jetzt nicht.«
- Wenn sich ein Lehrer geirrt hat und ein Schüler ihn korrigiert: »Ich wollte nur mal sehen, ob ihr mitdenkt.«
- »Ihr sollt flüstern, das ist kein Flüstern.«
- »Ihr lernt nicht für die Schule, sondern fürs Leben.«
- »Könnte ich mal für einen kurzen Moment eure Aufmerksamkeit haben?«
- »So …«
- »Wäre toll, wenn jetzt alle mal zuhören, a-l-l-e!«
- Auf die Frage eines Schülers: »Das ist eine gute Frage. Sie gehört im Moment nur nicht hierher. Erinnere mich mal in der nächsten Stunde daran.«
- »Darf ich vielleicht auch mal was dazu sagen?«
- »Jetzt bin ich aber ein Stück weit enttäuscht.«
- »So …«
- »Ich finde nicht, dass man das mit Gewalt lösen sollte.«
- »Ich wünschte mir, dass ihr ein bisschen toleranter miteinander umgehen würdet.«
- »Auch wenn Peters Gedanken vielleicht ein bisschen provokant vorgetragen und ein wenig abwegig daherkommen, so sollte man sie doch erst einmal ernst nehmen, schließlich hat jeder ein Recht auf freie Meinungsäußerung.«
- »So!«
- »Das interessiert mich genauso, wie wenn in China ein Sack Reis umfällt.«
- »Das kann doch nicht angehen!«
- »Manometer!«
- »Ich glaub, ich bin im falschen Film.«
- »Ich kann mich noch an Zeiten erinnern, da machten die Schüler noch ihre Hausaufgaben und kamen pünktlich zur Schule.«

- »Jetzt bin ich aber mal gespannt, was dir jetzt wieder für eine Ausrede eingefallen ist.«
- »Meine Arbeit ist ja völlig umsonst, das heißt aber nicht, dass ich unentgeltlich arbeite.«
- »Auch wenn es keinen interessiert. Wir schreiben morgen den schon seit Längerem angekündigten Mathetest.«
- Wenn er zum Geburtstag eines Schülers mal witzig sein will: »Herzlichen Glühstrumpf!«
- »So …«

Einige Sprüche behält er für sich:
- »Meine Güte, wann ist endlich Pause?«
- »Bei aller Scheiße, die man so als Lehrer erlebt, es gibt ja glücklicherweise noch die Monate Juli und August.«
- »Ich hab heute überhaupt keinen Bock!«
- »Meine Güte, wie lange dauert das denn noch.«
- »Du bist so blöd, das lernst du nie.«
- »Ich bin hier doch keine Musikbox, die auf Zuruf bringt, was das Publikum verlangt.«
- »Wenn du wüsstest, wie bescheuert du aussiehst!«
- »Nun halt endlich mal deine dämliche Klappe!«
- »Was ich sage, wird gemacht!«

Unordnung ist ein Zeichen von Schwäche.
Wir Genies überblicken das Chaos.

KAPITEL 5

Abenteuer in der Schule

GRUND 32

Weil Eltern immer besser loslassen können

Als Lehrer hat man den Traum, dass diese Überschrift mit der Wirklichkeit übereinstimmt. Aber die Realität ist meistens anders. Eltern, die loslassen können, werden immer weniger. Zumindest dem Gefühl nach. Warum bewegt einen Lehrer eigentlich der Wunsch, dass Eltern loslassen können? Um das zu verdeutlichen, bedarf es einiger Beispiele aus der alltäglichen Praxis. Mütter und Väter verzichten trotz des morgendlichen Stresses nicht darauf, ihren Nachwuchs mit dem Auto zur Schule zu chauffieren. Der ein Kilometer lange Schulweg könnte zu viele Gefahren bergen.

Wenn man dann zumindest vor dem Schulparkplatz Abschied nehmen würde, könnten Lehrer auch noch einen Parkplatz kriegen. Nein, als Mutter, man nimmt eben seine Verantwortung für das Kind ernst, muss der hoffnungsvolle Sprössling in die Schule hineinbegleitet werden. Ganz wohlmeinende Eltern tragen den Ranzen ihres Kindes bis zum Klassenraum und stellen ihn am Sitzplatz des Kindes ab. Nun wird aber nicht der Klassenraum verlassen, sondern jetzt muss erst einmal beobachtet werden, was sich so alles abspielt vor der Stunde. Einige von diesen Eltern bleiben so lange im Klassenraum, bis der Unterricht beginnt. Ob man nicht mal eine Stunde bleiben könne, nur mal so sehen, was läuft. Sie können einfach nicht loslassen.

Der unglückliche Lehrer, der sich viele Gedanken über den Einstieg in die erste Stunde gemacht hat, wird mit Vorwürfen konfrontiert. Es sei viel zu laut. Es gäbe Raufereien. Das eigene Kind sitzt immer noch nicht am von den Eltern gewünschten Platz. Erst nach mehr oder weniger energischen Aufforderungen verlassen dann solche Wesen widerwillig den Klassenraum, nicht ohne noch einmal einen sehnsuchtsvollen Blick zum Kind gesandt zu haben, das jetzt der bösen Umwelt schutzlos ausgeliefert ist. Manche bleiben hinter der Klassentür stehen und lauschen oder gucken durch das Schlüsselloch. Wenn dann der Lehrer, weil er mal wieder schusselig ist, noch einmal ins Lehrerzimmer muss, um vergessenes Material für den Unterricht zu holen, kann es bei forscher Öffnung der Klassentür zu ungeahnten Verletzungen kommen.

Verhalten grinsend stellt der Lehrer fest: »Oh, das tut mir soo leid.« Aber die Platzwunde muss versorgt werden. Daran kommt man jetzt nicht vorbei. Ob man wohl den Notarzt kommen lassen muss? Das sieht sehr böse aus, muss wohl genäht werden, sonst bleiben so hässliche Narben zurück. Oh mein Gott, so eine Platzwunde am Kopf, die blutet aber auch. Nicht zu fassen. Sie soll sich mal von der Sekretärin in den Erste-Hilfe-Raum führen lassen. Den Weg dahin muss sie aber nun mal alleine finden, denn er hat Unterricht zu machen. Ach ja, und einen Unfallbericht muss er dann ja auch noch schreiben. Sie soll mal ihre Daten dalassen.

GRUND 33

Weil er Grenzen setzen darf

Der Erfolg des Buches *Kinder brauchen Grenzen* von Erziehungsberater Jan-Uwe Rogge, erstmals erschienen im Jahre 1993, macht deutlich, wie viele Eltern auf dem Gebiet der Erziehung Hilfe suchen. Auch der Lehrer geht mit neuer Energie in den nächsten Tag, wenn er einen der Vorträge des Erziehungsfachmannes und Unterhaltungskünstlers besucht hat.

Doch wie will er diese Erkenntnisse in die Praxis umsetzen? Ihm wird klar, wie groß der Unterschied im Grenzensetzen zwischen familiärer und schulischer Praxis ist. Dass Kinder prüfen, wie weit sie gehen können, sowohl bei den Eltern als auch beim Lehrer, ist eine Tatsache. Wenn der Schüler abgemachte Vereinbarungen nicht einhält und das nicht unterbunden wird, muss der Lehrer sich nicht wundern, wenn der Schüler weitermacht. Er muss darauf sofort reagieren. Wer da mit dem Klassenlehrer oder Schulleiter droht, hat schon verloren.

Ein elanvoller Junglehrer ist gut beraten, wenn er vermeintliche alte Zöpfe nicht so schnell abschneidet. Sich nach dem Schulprogramm zu richten und dafür zu sorgen, dass die Schulordnung eingehalten wird, hilft für den Anfang sehr, führt aber durchaus auch zu Schülerreaktionen. »Oh, Sie sind aber voll streng. Bei Frau Meyer dürfen wir das aber.«

Da muss er schon mal seinen Mund aufmachen bei der nächsten Lehrerkonferenz. »Was ist nun? Kaugummikauen erlaubt? Kappe im Unterricht auf? Jacken ausziehen? Essen und trinken im Unterricht erlaubt? Rauchen auf dem Schulhof erlaubt? Mit dem Stuhl kippeln erlaubt? Sich melden, bevor man was sagt? Kann mir da mal einer helfen? Wie wird das hier gehandhabt?«

Und so muss der Lehrer den ewigen Eiertanz eingehen, die richtige Balance zu finden zwischen Freiraumgeben, lebendigem Unterricht und Disziplin. Glücklicherweise darf er in der Klasse die Grenzen relativ selbstbestimmt setzen. Die anderen Grenzen geben ihm das Schulgesetz, das Schulprogramm und die Schulordnung vor. Ein Lehrer darf nicht nur, sondern muss Grenzen setzen.

GRUND 34

Weil er wissen will, warum englische Schüler in der PISA-Studie besser abschneiden als deutsche

Theodor Fontane hat mal ein Buch geschrieben, das er *Jenseit des Tweed* genannt hat. »Man muss das ›s‹ in Jenseits fortlassen, wodurch die Leichtigkeit des Aussprechens sehr gewinnt.« So hat Fontane gesagt. Seine Geschichte ist ein Reisebericht über seine Erlebnisse in Schottland.

Der Lehrer, der Fontane schätzt, will es ihm 150 Jahre später nachmachen. Er lässt sich einladen von einer Schule »diesseit des Tweed«, also in England an der schottischen Grenze. Grund ist sein heimlicher Groll, dass die Engländer im PISA-Test besser abgeschnitten haben sollen. Das lässt ihn nicht ruhen, wie kann das denn angehen, wo doch die Engländer gegen Deutschland im Fußball immer verlieren, und in der Bildung sollen sie auf einmal erfolgreicher sein?

Da kann doch was nicht stimmen, und so macht er sich auf den Weg, nach diesseit des Tweed. Es ist ein Vorurteil zu glauben, dass es in England oft regnet. Es regnet immer, mal mehr, mal weniger. Nichts Besonderes, wenn man im November dorthin fährt, dann, wenn die Sonne überhaupt nicht mehr in Gang kommt.

Im Fernsehen wird darüber berichtet, dass die Ouse über die Ufer getreten ist. Die Züge von Newcastle nach London fahren nicht mehr. Sein englischer Kollege kann aber mit dem Auto fahren, und so kommen sie um 8.30 Uhr in der Schule an. Es ist eine »Middle School«, also eine Schule für Schüler von der fünften bis zur neunten Klasse. Die Schüler kommen mit Bussen – grüne Pullover, wohin man schaut. Der größte Arbeitgeber des Ortes ist eine Spanplattenfirma aus Österreich. Sie ist gleichzeitig der größte Umweltverschmutzer des Ortes. Ständig steht eine Rauchwolke über der Stadt. »Aber sie scheinen bereits etwas gegen diese Umweltverschmutzung getan zu haben, denn die Asthmaanfälle der Kinder sind zurückgegangen«, sagt der Schulleiter. Rechts vom Eingang der Schule kann man die Fabrik sehen, links steht die Kirche, eine 1300 Jahre alte »Abbey«. Ist doch fast alles so wie in Deutschland.

Um dem kalten Regen und Wind zu entkommen, stürzt der Lehrer schnell in die Eingangshalle der Schule. Eine Sicherheitstür versperrt den Eingang. Von innen wird die Tür entsichert. Videokameras überprüfen den Eingangsbereich. Die Videoaufnahmen werden verwahrt. Das alles ist eine Reaktion auf ein Ereignis an einer schottischen Schule, wo ein Irrer vor Jahren eine ganze Klasse samt Lehrer erschoss. Auch das erinnert an Deutschland.

Nachdem er den Eingangsbereich passieren darf, fällt ihm zunächst einmal Äußerliches auf. Englische Lehrerinnen tragen Röcke, englische Lehrer tragen Anzüge. Es gibt einen »dress code«. Die Schüler haben grüne Pullover mit Schullogo, schwarze oder graue Röcke beziehungsweise Hosen zu tragen, dazu weiße Polohemden, Krawatten, rot quer gestreift auf grauem Grund, graue, weiße oder schwarze Socken. Englische Schüler hassen ihre Uniform. Schule beginnt um 8.50 Uhr, Mittagspause ab 12.15 Uhr, nachmittags ist Unterricht von 13.15 Uhr bis 15.35 Uhr.

Der Schulleiter begrüßt den Lehrer freundlich, »a cup of tea« für den Lehrer aus Deutschland. Ja, er darf hospitieren, Englisch in einer siebten Klasse. Es wird ein Roman besprochen, eine Geschichte aus dem 19. Jahrhundert. Ein Mädchen fährt auf einem Segelschiff zu seinen Eltern nach Amerika. Anhand des Textes sollen andere Begriffe für das Wort »say« gefunden werden. Die Schüler sind brav und geben die richtigen Antworten. Der Sprechanteil des Lehrers beträgt 95 Prozent, auch kein Unterschied zu Deutschland.

Die nächste Stunde ist »science«. Es geht um »go with energy«. Der Lehrer bringt eine »steam engine« zum Laufen. Ist das nun »chemical«, »light« oder »gravitational energy«? Energie wird umgewandelt in »movement«, »light« oder »heat«. Die Hausaufgaben sollen bis Freitag erledigt sein und dazu noch eine schriftliche Aufgabe aus dem Buch. Sprechanteil des Lehrers etwa 90 Prozent. Danach in der großen Pause findet »assemble« statt, mit »zusammenkommen« zu übersetzen. Vierhundert Schüler kommen in die kleine Aula der Schule, die sonst für den Sportunterricht genutzt wird. Diszipliniert, ohne zu drängeln, füllt sich der Raum durch die engen Türen. Das ist anders als zu Hause.

Es wird ein kirchliches Lied gesungen. Zur Gedächtnisstütze wird über einen Overheadprojektor der Text an die Wand projiziert. Auf ein Zeichen setzen sich die Schüler auf den Boden der Halle. Da das nicht im Sinne des Lehrers klappt, wird das Ganze noch einmal geübt. Der Lehrer trägt mit Pathos ein Gedicht vor:

»In Flanders fields the poppies blow.
Between the crosses, row on row.«

Am kommenden Sonntag ist »Remembrance Day«. Der Tag erinnert an die Millionen Gefallenen des Ersten Weltkrieges. Viele Engländer tragen an diesem Tag eine Plastikmohnblüte an ihrer Kleidung. Über den Vortrag des Lehrers, der über die historischen Hintergründe gesprochen hat, soll im Plenum diskutiert werden. Einige Schüler beteiligen sich. Selbst bei kleinen Disziplinlosigkeiten greifen die Jahrgangsleiter durch Blicke, Gesten oder auch massiv ein. Am Ende werden Informationen ausgegeben, dass die Highschool in Haydon Bridge noch Spieler für ihre Basketballgruppe sucht. Die Queen Elizabeth Highschool bittet darum, die Einrichtungen ihrer Schule sorgfältiger zu behandeln, sonst müssten die Einrichtungen für andere Schüler gesperrt werden.

Englische Schüler finden »assemble« fürchterlich langweilig. Ob man dann nicht auf die Idee käme zu stören? Nein, dann würde man sich seine Hände ansehen oder an was Schönes denken und hoffen, dass es bald vorbei ist.

Eine schrille Glocke zeigt die Pausen an, auch die Mittagspause. In Klassengruppen gehen die Schüler in den Speiseraum, an den eine Großküche angeschlossen ist. Man stellt sich sein Mittagsmahl zusammen: »green peas, mushy potatoes, brown sauce, mince meat, a green apple«, alles zu bezahlen an der Kasse, Wasser aus der Leitung. Andere packen ihr mitgebrachtes Lunchpaket aus: Mars, Kartoffelchips aus der Plastiktüte.

Englische Schüler werden in ihren Klassenstufen in Leistungsgruppen unterrichtet. Die Gruppen wechseln in den Pausen die Räume. Es lässt sich in jedem Fachraum eine besondere liebevolle Ausgestaltung und Ausstattung erkennen. Die Fachräume Kunst sind mit allen denkbaren Materialien ausgestattet. An den Wänden hängen Schülerarbeiten neben Kunstdrucken bedeutender Maler.

Die Lehrerin hat für ihr heutiges Projekt verschiedene Symbole der Weihnachtszeit arrangiert, ein »tabletop«. Jeder Schüler hat eine kreisrunde beziehungsweise eckige Schablone bei sich, die er am ausgestreckten Arm vor ein Auge hält. Der eingefangene Eindruck soll skizziert werden. Nach zehn Minuten wechseln die Schüler ihre Position und beginnen eine neue Skizze. Das Ganze soll in einen Entwurf für eine Weihnachtskarte münden, auch ein Aufdruck für ein T-Shirt wäre denkbar. Ein Gefühl von Atelieratmosphäre entsteht.

In England besteht Schulpflicht vom fünften bis zum 16. Lebensjahr. Danach folgt eine zweijährige Highschool, die mit dem deutschen Gymnasium vergleichbar ist. Über 90 Prozent der englischen Schüler besuchen eine »Comprehensive School«, der Rest geht auf Privatschulen. Das dreigegliederte System ist seit Ende der Fünfzigerjahre abgeschafft und durch Gesamtschulen ersetzt worden. Beim Lehrer kommt der Verdacht auf, dass das eine Erklärung für das bessere Abschneiden der englischen Schüler beim PISA-Test sein könnte.

Die Engländer sind nicht von ihrem Bildungssystem überzeugt und waren wohl auch deshalb nicht an den Ergebnissen der PISA-Studie interessiert. Man hatte damit gerechnet, dass sie sowieso weit hinten landen würden im Vergleich zu anderen Ländern. Als die Ergebnisse bekannt wurden, war man positiv überrascht. Besondere Freude machte sich breit, als man von dem Abschneiden Deutschlands erfuhr.

Die *Times* schrieb bei Bekanntwerden der PISA-Ergebnisse: »Being above Germany in the education league table might not be as much fun as beating them at football, but it could prove more important for the UK in the long run.«

GRUND 35

Weil er wissen möchte, welche Ziele eine englische Schule hat und wie die überprüft werden

Jede Schule in England gibt einen »prospectus« heraus, in dem alle wesentlichen Dinge über die Schule verbreitet werden, so auch die Ziele der Schule:

- In einem gesicherten, anregenden und disziplinierten Umfeld sollen die Schüler Benehmen und Haltungen zur Umwelt entwickeln und so zu einem hohen Arbeitsniveau kommen.
- Es soll sich eine echte Partnerschaft zwischen Schule und Eltern entwickeln.
- Alle Mitglieder der Schulgemeinschaft sollen ermutigt werden, an der Schule als Gemeinwesen mitzuarbeiten.
- Die Schüler sollen in ihrer Individualität gestärkt werden, indem ein weites und ausgewogenes Lernfeld angeboten wird.
- Die Schüler sollen in ihrem Bemühen unterstützt werden, herausragende Leistungen auf wissenschaftlichen, sportlichen und künstlerischen Gebieten zu erzielen.
- Die Schüler sollen auf die Verantwortung vorbereitet werden, die im Erwachsenenleben auf sie wartet.

So ähnlich ist das auch in den deutschen Schulprogrammen zu lesen. Diese Ziele werden in England einer Evaluation (Bewertung, Begutachtung) unterzogen – Evaluation nicht als Beratung, sondern als Grundlage für eine Kontrolle. So kann eine englische Schule alle vier Jahre von einer Inspektorengruppe überprüft werden. In einem dicken Ordner kann man im Vorfeld lesen, was möglicherweise alles gecheckt wird. Die Prüfer halten sich dann eine Woche in der Schule auf. Sie kontrollieren alles, zum Beispiel, ob ihr Unterricht mit dem »National Curriculum« übereinstimmt und ob das Klopapier preisgünstig eingekauft worden ist. Wenn man einmal so was miterlebt hat, weiß man, dass auch englische Lehrer ihre sprichwörtliche Gelassenheit verlieren können. Am Ende wird die Schule durch die Kommission landesweit eingestuft. Die Ergebnisse werden öffentlich gemacht. So kann jeder im Internet oder sonst wo nachlesen, wie die Schule bewertet wird. Das ist insofern für die Schule elementar, weil davon die staatlichen Zuwendungen abhängig sind. Eltern reagieren auf diese Einstufungen und melden dann ihr Kind bei einer »besseren« Schule an. Schulen sind daher darauf aus, gute Schüler an die Schule zu holen, die problematischen sind unattraktiv.

Deshalb ist wohl auch an Methodenvielfalt wenig zu beobachten, viel Frontalunterricht. Es wird damit begründet, dass das »National Curriculum« einen dazu zwinge, zügig alle geforderten Themen durchzusprechen, da am Ende des Schuljahres die landesweiten Tests anstehen, in denen wieder verglichen wird, welche Schule am besten war und welche zu den Verlierern gehört. Der Lehrer hat so seine Zweifel, ob er das als erstrebenswert ansehen soll.

GRUND 36

Weil er wissen will, wie englische Zeugnisse ausgestellt werden

Der Lehrer will alles wissen, auch wie seine Kollegen im Vereinigten Königreich Zeugnisse für ihre Schüler schreiben. Zeugnisse sind in England »reports«. Nach der Anwesenheitsliste folgen die Kommentare der Lehrer, zum Beispiel dass der Klassenlehrer sich über Rachels Einstellung zur Schule freut. Sie ist höflich, hilfsbereit und ein fröhliches Mitglied der Klasse. Der Jahrgangslehrer freut sich über die gute Arbeit von Rachel und der Schulleiter stellt auch noch einmal fest: Prima, Rachel! Es folgen die einzelnen Fächer. Die werden über eine grafische Anzeige beurteilt. Eine Skala von »low« bis »high« gibt dem Lehrer die Möglichkeit einer Abstufung.

Steht der Pfeil auf der neunten Gradeinteilung, ist der Schüler im Vergleich zu den anderen sehr hoch eingestuft.

Rachel darf auch was in ihr Zeugnis schreiben. Sie hatte besonders gern Kunst, sie hatte viel Spaß auf einer Klassenfahrt nach Frankreich, sie gibt an, dass sie gute Fortschritte in Religion und Englisch gemacht habe und dass sie sich in Hauswirtschaft in Zukunft besser organisieren müsse. Sie findet, dass sie im Lesen und in der Zeichensetzung im nächsten Jahr besser werden und auch die richtigen Bücher und Unterlagen für die Stunden dabeihaben muss. Auch die Eltern dürfen was ins Zeugnis schreiben. Davon wird selten Gebrauch gemacht.

GRUND 37

Weil er als Student der Pädagogik keine Ahnung hatte, was auf ihn zukommt

Hat der Lehrer sein erstes Staatsexamen bestanden, hat er nicht die leiseste Ahnung von dem, was auf ihn zukommt. Wie soll er auch, er hatte doch als Student einiges andere zu beschicken: sich selbst finden, erwachsen werden. Die Professoren haben ihm auf dem Weg zum Lehrersein auch nur bedingt geholfen. Wollten oder konnten sie das überhaupt? Was kann man schon von einem Menschen erwarten, der vor dreißig Jahren oder nie vor einer Klasse gestanden hat. Okay, er als Junglehrer hat immerhin mal in ein paar Praktika in das Schulleben hineingerochen, hat mal selbstverantwortlich ein paar Stunden unterrichtet, aber sonst, reicht das?

Im Fachbereich Biologie durfte er sich mühevoll aneignen, wie viele Moos- und Flechtenarten es gibt und wie man sie unterteilt, dass Flechten eine Symbiose aus Algen und Pilzen sind, dass sich die Flechte auf der Oberfläche des Baumes niederlässt, dort aber die Pflanze nicht angreift. Das ist ja ganz nett zu wissen, aber es nützt einem beim Eintritt in die Berufswirklichkeit nichts. Da stellt sich schon mal die Sinnfrage, was man in den letzten vier bis sechs Jahren gemacht hat.

Wer hat einem vermittelt, wie man das großartige Wissen, das man sich in den vielen Jahren angeeignet hat, an die pubertierenden Geister weitergeben kann? Methodisches Handwerkszeug wurde ihnen nicht oder kaum beigebracht. Gruppendynamische Prozesse in Gang setzen kann er zwar theoretisch, in Arbeitsgruppen diskutieren auch, wie das aber in der Schule sinnvoll umsetzen?

Mit sensiblen Geistern spricht dann der Praxisschock. Der kommt ganz ungefragt herein, klopft nicht mal an, ist einfach da, qualmt dicke Zigarren und verpestet die Luft.

»Guten Tag, Herr Junglehrer, da bin ich. Ich werde jetzt in Zukunft Ihr ständiger Begleiter sein, gehe erst dann wieder, wenn Sie sich wirklich bemühen, den Beruf des Lehrers zu verstehen. Ihr tolles Fachwissen können Sie erst mal vergessen. Hier sind ganz andere Qualitäten gefragt.

Wie krieg ich einen Haufen unmotivierter Schüler so in Gang, dass sie sich auf die Lerninhalte einlassen? Wie rede ich mit Eltern, die völlig verzweifelt Hilfe beim Lehrer suchen? Wie erarbeite ich mir den Respekt der Schüler, der Kollegen, der Eltern? Wie verschaffe ich mir Erfolge, wie erhole ich mich? Wie erhalte ich mir die Begeisterung für den Beruf?

Es gehen in den nächsten Jahren Hunderttausende Lehrer in Pension. Die Aussichten, eine Stelle zu kriegen, stehen nicht schlecht. Aber es reicht nun mal nicht, die alten Lehrer nur zu ersetzen. In erster Linie muss man sich darüber klar sein, die Aufgaben eines Sozialarbeiters zu übernehmen. Das ist ein anstrengender Knochenjob. Wer das nicht will, dem kann ich nur raten, sich was anderes zu suchen.«

Und dann verabschiedet sich der Praxisschock und sagt: »Ach, übrigens, ich komme morgen wieder.«

GRUND 38

Weil die Schüler immer schwieriger werden

Das Lamentieren über immer schwieriger werdende Schüler hat Tradition. Das war auch Anfang der Fünfzigerjahre des letzten Jahrhunderts so. In der Schulordnung stand:

Alle Buben und Mädel müssen die Schulregeln genau beachten: Jeder Schüler muß zur rechten Zeit kommen und in seiner Bank über seiner Tafel und den Büchern still und aufrecht sitzen. Dabei liegen die Hände geschlossen auf dem Tisch, der Rücken ist hinten angelehnt und die Füße werden parallel nebeneinander auf den Boden gestellt. In der Schule und auf dem Schulhof ist kein Geschrei und Geschwätz gestattet. Spielen, Plaudern, Lachen, Flüstern, Hin-und-her-Rücken, heimliches Lesen und neugieriges Herumgaffen dürfen nicht vorkommen. Sämtliche Kinder schauen dem Lehrer fest ins Auge. Das Melden geschieht bescheiden mit dem Finger der rechten Hand. Dabei wird der Ellbogen des rechten Armes in die linke Hand gestützt. Beim Antworten hat sich das Kind rasch zu erheben, gerade zu stehen, dem Lehrer fest ins Auge zu schauen und in vollständigen Sätzen rein und laut zu sprechen. In den Pausen gehen zuerst die Mädchen und dann die Buben. Wer gegen die Regeln verstößt, soll den Stock des Schulmeisters zu spüren bekommen.

Ja, wer Schüler unterrichten möchte, die in der Lage sind, solche Regeln zu beachten, der darf sich zu Recht über die heutige Schülerschaft beschweren. Aber wer nicht nur ein Beamtengehalt beziehen möchte, sondern wirklich seine Berufung darin gefunden hat, dazu beizutragen, dass seine Schüler emanzipierte Glieder unserer Gesellschaft werden, freut sich auf seine wache, kritische und wirklich nicht einfache Schülerschaft.

Ich verspreche nichts,
aber das halte ich auch.

KAPITEL 6

Im Spannungsfeld der Bildungspolitik

GRUND 39

Weil man sich mit den Strömungen des gesellschaftlichen Umbruchs auseinandersetzen muss

Der Populist Sarrazin ist ja ein Mensch, der offensichtlich weiß, wo die Probleme der Gesellschaft liegen und wie man sie behebt. Das Volk braucht ja Vordenker, wo käme man denn da hin, wenn sich jeder selbst ein Bild vom Zustand der Nation machen würde. Nicht auszudenken, es würden ja demokratische Zustände eintreten.

Vielleicht sollte Herr Sarrazin mal lesen, was Naima aus Afghanistan mir im Rahmen einer Projektwoche vor einiger Zeit ans Herz legte. Möglicherweise würde er dann nicht mehr so leichtfertig mit der Aussage umgehen, dass muslimische Menschen sich nicht assimilieren lassen wollen. Es muss ihnen auch die Chance gegeben werden, das zu tun.

Als Naima nach Deutschland kam, so erzählte sie mir, sprach sie kaum ein Wort deutsch. Von ihren Mitschülern wurde sie nicht beachtet. Sie war lernwillig, aber niemand war bereit, ihr zu helfen. So war sie still und niedergeschlagen und erreichte den Hauptschulabschluss nicht. Sie wurde mir in die 10. Klasse zugewiesen, um sie noch ein Jahr in der Schule zu halten. Unter vier Augen war sie bereit, über sich zu sprechen. Sie äußerte ihre Ängste, in der Klasse etwas zu sagen. Auch mochte sie sich nicht der gängigen Mode anpassen und hatte ständig Angst, ausgelacht zu werden. Sie vermisste die Hilfsbereitschaft und Freundlichkeit der Nachbarn in ihrer Heimat. Hier gab es für sie keine Nachbarn, nur Geschäfte. Wohl fühlte sie sich nur im Schoß ihrer Familie. Das größte Glück wäre für sie, wieder nach Afghanistan zurückzukehren. Sie suchte Geborgenheit und menschliche Wärme in der ihr vertrauten Umgebung. Mit dem Egoismus der Menschen hier kam sie nicht zurecht. Sie würde es nicht mögen, wenn Menschen Vorurteile hätten und einen zwingen würden, anders zu leben als man möchte. In ihrer Heimat würde sie gern Schneiderin werden wollen und damit ihr Geld verdienen. Ihr Traum sei es allerdings, Fotografin zu werden.

Jahre später sitzt sie an der Kasse eines Supermarktes, trägt westliche Kleidung und ist freundlich zu den Kunden und sehr gewandt. Ihre dunklen langen Haare sind jetzt nicht mehr durch ein Tuch verhüllt. Aus ihr ist eine selbstbewusste schöne Frau geworden. Auf die Frage, wo sie denn ihr Kopftuch gelassen hat, grinst sie, winkt ab und sagt: »Das ist doch längst vergessen.«

Sie ist nicht Schneiderin oder Fotografin geworden. Auch irgendwie schade, denkt der Lehrer.

GRUND 40

Weil er von Pisa nicht viel hält

Auf seinen Erkundungsreisen durch die Welt kommt ein Lehrer auch irgendwann einmal nach Pisa. Ja, so die Altstadt, ganz schön, oder eine Pizza in Pisa am Arno essen, wunderbar. Aber der Platz, wo der Schiefe Turm steht, also der Kampanile, der aus weißem Carrara-Marmor besteht und der sieben Glocken hat, die lange Zeit nicht läuten durften, weil sonst Einsturzgefahr bestand, ist von Touristen überfüllt. So was mag ein Lehrer nicht, da fährt er lieber mit seinem Wohnmobil in die Berge der Toscana, guckt in die Landschaft, bestellt sich ein Glas Montepulciano und denkt an die PISA-Studie, deren Glocken nun alle zwei Jahre so laut läuten, dass man sie nicht überhören kann und man Angst haben muss, dass dadurch das ganze Bildungssystem in Deutschland einstürzt. Im Ranking vor Burkina Faso und Ägypten, aber nach England und Finnland, also auf einem Abstiegsplatz der Bildungsweltliga. Das geht ja nun wirklich gar nicht, da muss was passieren.

Und so laufen nach jeder neuen PISA-Studie die Bundespolitiker, die Landespolitiker, die Gemeinderäte, die Eltern, die Kirchenleute, die Unternehmer aufgeregt wie Hühner auf dem Bauernhof durcheinander, denn das ist doch eine Schande für ein Kulturland wie Deutschland, was kann man denn da tun?, um sich dann nach ein paar Wochen wieder zu beruhigen und alles beim Alten zu belassen.

So versandet die Schulreform und bleibt beim dreigliedrigen Schulsystem, dazu ein bisschen Gesamtschule, o nein, nicht Gesamtschule, das wäre zu teuer. Gemeinschaftsschule klingt auch besser, ein bisschen Regionalschule, und ordentlich viel Gymnasium. Der Lehrer wird verpflichtet, wieder Anzug und Krawatte zu tragen (Vorbildfunktion), der Schüler hat aufzustehen, wenn eine Respektsperson mit ihm redet (Ehrerbietung gegenüber dem Erwachsenen), es wird die Schiefertafel wieder eingeführt (Kosteneinsparung) und an der Wand der alte Hindenburg aufgehängt (ebenfalls Vorbildfunktion). Wenn das alles beachtet werden würde, würde auch der Schüler sich wieder unterwürfig ängstlich verhalten. Da macht doch das Unterrichten wieder Spaß! Da hätte man wirklich wieder am Morgen recht und am Nachmittag frei. Das wäre doch mal eine Reform. Oder?

Finnland hat bestimmt hervorragende Lehrer, aber zum Abgucken sollte man sich nicht verleiten lassen. Die Schüler dort holen eben nicht nur gute PISA-Ergebnisse, weil die Lehrer gut sind. Der Flächenstaat Finnland hat 5,2 Millionen Einwohner und einen Ausländeranteil von weniger als 2 Prozent (Zahlen von 2002). An vielen Schulen in Berlin gibt es einen Ausländeranteil von über 80 Prozent. Da brennt schon mal der soziale Teppich. Hervorragende Lehrer helfen, aber die können auch nicht die Probleme der Menschen lösen. Lösungen für das Land muss die Gesellschaft schon selbst finden. Die Schulwirklichkeit sieht doch an manchen Schulen eher so aus: Juri aus Omsk und Sascha aus Nowosibirsk verstehen kaum ein Wort Deutsch. Sergej aus Karaganda und Valentina aus Tscheljabinsk verstehen ein bisschen Deutsch. Klaus ist so aggressiv

aufgeladen, dass er fast jede noch so vorsichtige Ansprache als Angriff auf seine Person versteht. Albert ist Rückläufer von der höheren
Schule und möchte gefördert und gefordert werden. Jasmin aus der
Türkei darf nicht mit zum Schwimmen oder an Exkursionen teilnehmen, weil ihr Vater das verbietet, so steht es im Koran. »Sie
soll mal ihr dämliches Kopftuch abnehmen«, meint Henning. Der
17-jährige Sören bemüht sich auch weiterhin rührend darum, die
Anfänge des Lesens und Schreibens zu lernen. Haakan erklärt,
dass zurzeit Ramadan ist und dass man ihn deshalb von jeglicher
Leistungsanforderung befreien muss. Jan legt seinen Kopf auf den
Tisch und hält erst mal ein Nickerchen. Er war am Wochenende mit
seinem Vater in Berlin und hat dort Bratwürste auf einem Wochen-
markt verkauft. Lucie aus Ghana heult, weil man sie mal wieder
wegen ihrer Hautfarbe angemacht hat. Kim aus Südkorea kommt
zwanzig Minuten zu spät und entschuldigt sich mit den Worten:
»Hell Lehlel, ich hab' velschlafen!« Er legt seine Handinnenflächen
aufeinander und hält sie vor das Gesicht. Dabei macht er eine tiefe
Verbeugung. An seinem Platz holt er sein Wörterbuch »Koreanisch
– Deutsch« heraus und Sergej aus Russland, der neben ihm sitzt,
seins für »Russisch – Deutsch«. Und so können sich die beiden,
wenn auch ein bisschen kompliziert, miteinander unterhalten.

GRUND 41

Weil er gern Mitglied in
einem Interessenverband ist

Ein politisch bewusster Lehrer weiß, dass er sich organisieren muss,
um sich nach außen Gehör zu verschaffen. Sonst nehmen einen
doch die Politiker oder die Medien nicht ernst.

Also ist er Mitglied in der GEW (Gewerkschaft Erziehung
und Wissenschaft). Denn die tritt ja für Chancengleichheit, Mit-

bestimmung sowie für soziale Sicherheit und Demokratie ein. Sie favorisiert das gemeinsame längere Lernen über die Grundschule hinaus nach dem Vorbild Skandinaviens und die gleiche Bezahlung der Lehrer aller Lehramtstypen, außerdem werden mit ihr die Tarifverträge geschlossen. Allein das ist schon ein Grund, meint der Lehrer, Mitglied zu werden, was absolut die wenigsten der Kollegen begreifen wollen. Die zugegebenermaßen etwas provokante Bemerkung »Dann überweise mir doch bitte das nächste Mal deine Gehaltserhöhung, die die Gewerkschaft auch für dich ausgehandelt hat!« wird mit einem irritierten Kopfschütteln zur Kenntnis genommen. »Der Idiot spinnt ja völlig«, wird der Kollege denken, traut sich aber nicht, das laut zu sagen.

Aber vielleicht lässt sich ja durch vertrauensbildende Maßnahmen wie Grünkohlessen kurz vor Weihnachten, durch einen Besuch bei einem Töpfer oder durch gemütliches Beisammensein in der »Goldenen Drossel« der eine oder andere Lehrer doch davon überzeugen, dem Verein beizutreten. Sind doch alles ganz friedliche Menschen, die Gewerkschaftler, tun einem doch nichts. Haben sogar den Schulrat des Kreises eingeladen und der ist auch wirklich gekommen, um Fragen zu beantworten, wenn es denn welche gibt. Oh ja, ob man denn für die nebenunterrichtlichen Verpflichtungen mal auf ein paar Abminderungsstunden hoffen kann? Das sieht wohl nicht so aus, damit kann man auch in den nächsten Jahren nicht rechnen. Aber der Schulrat hat natürlich sehr viel Verständnis für so eine Forderung, und er möchte sich noch einmal bedanken für die verantwortungsvolle, anstrengende und unermüdliche Arbeit an der Schule.

Wenn man einen Antrag auf vorzeitige Versetzung in den Ruhestand beantragen will, wie muss man das machen, formlos, so einfach bei der unteren Schulaufsichtsbehörde oder beim Minister für Wissenschaft und Bildung des Landes, oder wie? Das sei wohl eher eine individuelle Frage, da sollte man dann mal am Montag beim Schulamt anrufen. Darauf möchte er jetzt nicht näher eingehen. So, und nun keine Fragen mehr, heute soll es mal gut sein und er freue sich schon auf das Grünkohlessen und auf die lockeren Gespräche mit den Kollegen. So ungezwungen kommt man doch selten wieder zusammen.

Die Kellnerin erscheint und brüllt in den Raum hinein: »Wer ist Bier, wer die Apfelschorle und wer der Chardonnay?« Der Ortsvorsitzende der GEW möchte, bevor es zum gemütlichen Teil übergeht, noch einmal darauf hinweisen, dass Anträge zur Mitgliedschaft in die GEW bei ihm persönlich eingereicht werden können.

GRUND 42

Weil er nicht so pessimistisch in die Zukunft guckt wie das Bildungsbürgertum

Professoren machen sich Gedanken, müssen denken, müssen sich sorgen, damit es später nicht wieder heißt, dass man damals nichts gesagt hat, damals als die deutsche Sprache starb, denn die Jugend ist nicht mehr in der Lage, einfachste Texte zu verstehen. Sie benutzen nur noch Sätze mit fünf Wörtern, gebrauchen nur noch die Verben: gehen, machen, tun, haben. Dafür kennen sie Begriffe nicht wie: bearbeiten, aneignen, bewerkstelligen oder schlendern. Andererseits verwenden sie Ausdrücke wie: »chatten«, »cool«, »crazy«, »loser«. Sprache ist eben ein lebendig Ding, das ständig neuen Einflüssen ausgesetzt ist. Gut so, sonst würden wir heute noch mittelhochdeutsch reden.

Goethe oder Mann, ja, das waren noch Zeiten, die brauchten noch durchschnittlich 36 Wörter pro Satz. Die hatten aber auch Zeit. Heute ist das erste Ziel der Sprache: Sag, was du willst, drück dich klar und präzise aus oder halt die Klappe.

Bildungsbürger sorgen sich ja auch immer um den Niedergang der Sprache. Erwachsene sollen von den angeblich 350.000

deutschen Wörtern durchschnittlich 2000 benutzen. Was ist mit den 348.000 anderen Wörtern? Das ist doch ein Armutszeugnis. Die Jugend kann immerhin noch dazulernen. Und sie drückt sich einfach anders aus und sie macht das ganz bewusst, um sich von der Sprache der Erwachsenen abzugrenzen.

Eine Jury ermittelt seit einiger Zeit das Jugendwort des Jahres.

- 2008 war »Gammelfleischparty« auf dem ersten Platz, eine Feier von Menschen, die über dreißig Jahre alt sind.
- 2009 auf dem dritten Platz »Bankster«, Zusammenbau aus »Banker« und »Gangster«.
- 2010 auf dem zweiten Platz »Arschfax«, Unterhosenetikett, das hinten aus der Hose hängt.
- 2011 auf dem dritten Platz »guttenbergen« – abschreiben.
- Und 2012 auf dem zweiten Platz »FU!«, was so viel bedeutet wie: »Scheiße, fick dich!«

Man kann also nicht sagen, dass die Sprache der Jugend blutarm daherkommt. Ey, Digga, dat musse doch gerallert ham, oder bissu zu blöd? Übersetzt: Mein lieber Freund, das ist doch nicht so schwierig. Ich erkläre dir das gern noch einmal, dann wirst du es schon verstehen. Mag ansonsten die Frage erlaubt sein, ob du von deinen intellektuellen Möglichkeiten vielleicht nicht genug Gebrauch machst?

Der geduldige Lehrer ist da gelassen, was die deutsche Sprache angeht. Sie verkommt nicht, sie wird durch die Sprache der Jugend bereichert. Aber das heißt natürlich nicht, dass er als Lehrer dieses sprachliche Niveau der Jugend akzeptieren könnte. Hier kann er nur in Anwendung der angemessenen Sprache als gutes Beispiel wirken und hoffen, dass sich sein Umgang mit ihr irgendwann auf seine Schüler auswirkt.

GRUND 43

Weil er sich um Erziehung nicht kümmern muss, denn die Erfolge können ja nicht gemessen werden

Es wird viel über Leistung diskutiert. Die Medien sind voll von Ranglisten. Das ist wohl das, was die Gesellschaft von Lehrern erwartet: Schüler zu immer höheren Erkenntnissen zu bringen, damit Deutschland endlich auch auf diesem Feld Weltmeister wird. Glaubt man aber den Schulgesetzen der verschiedenen Bundesländer, gibt es wichtigere, übergeordnete Ziele. Gut für den Lehrer, denn der gute Lehrer tritt nicht nur seinen Beruf an, um ausschließlich Lesen, Schreiben und Rechnen zu unterrichten. Für ihn gilt es in der alltäglichen Unterrichtspraxis, seinen Schülern das mitzugeben, was er für ein selbstbestimmtes Leben für wesentlich hält.

Welch ein Glücksmoment für einen Lehrer im Mathematikunterricht, den Ausruf zu hören: »Ich hab's verstanden!« Welch ein Glücksmoment für einen Lehrer, wenn Kevin wochenlang immer wieder unter dem Lehrerpult hockt, weil er seine Gründe dafür hat, und es dem Lehrer gelingt, dass die Mitschüler ihn wieder in die Klassengemeinschaft aufnehmen. Welch ein Glücksmoment für einen Lehrer, wenn ein Schüler zehn Minuten auf dem Stuhl sitzen bleibt, ohne die ganze Klasse mit seiner Unruhe zu stören.

Welch ein Glücksmoment für einen Lehrer,
- wenn er einen entlassenen Schüler wieder trifft, der von seiner Schulzeit schwärmt,
- wenn ein Schüler sich freut, dass die Ferien vorbei sind,
- wenn ein gewalttätiger Schüler das Gespräch sucht,
- wenn am Stundenende ein Schüler sagt: »Was? Schon vorbei? Schade!«,
- wenn ein notorischer Zuspätkommer plötzlich pünktlich ist.

Diese kleinen und großen Erfolge in dem Betätigungsfeld werden nicht gemessen, weil sie nicht gemessen werden können.

Auch Schlafen ist eine Form von Kritik – vor allem in der Schule.

KAPITEL 7

Der Lehrer ist nicht allein

GRUND 44

Weil er einen Schulleiter hat

Ein Lehrer ist erst mal damit beschäftigt, einen guten Job zu machen. Das füllt ihn ganz und gar aus. Er versucht, das Bestmögliche zu geben, wenig Fehler zu machen. Den Schülern, den Eltern, den Lernzielen, den Nebenämtern und seinen Kollegen muss er gerecht werden. Einer beobachtet das mit Argusaugen. Sein Schulleiter.

Der Lehrer ist froh, dass die Zeiten vorbei sind, in denen sich ein Rektor hinter den Büschen versteckte, um einen zu spät kommenden Lehrer zur Rede zu stellen. Nein, es beruhigt ihn, dass er jemanden hat, der hinter ihm steht. Ob das Eltern sind, die mit Vorwürfen kommen, oder Schüler, die ihren Lehrer mit erfundenen Geschichten diffamieren wollen, er weiß, es steht ein guter Schulleiter hinter ihm. Der weiß die kritischen Gespräche in die richtigen Gleise zu lenken, ohne dass er Eltern oder Schüler abkanzelt. Der Lehrer ist nicht immer froh darüber, wenn er auf Versäumnisse aufmerksam gemacht wird, die seine Listenführung betreffen. Er ist aber froh, wenn er am Schuljahresende feststellen kann, wie entlastend diese Anmerkungen waren. Und froh ist er auch, dass da jemand ist, der führt und die Verantwortung übernimmt.

Der gemeine Lehrer, der mit Beförderung liebäugelt, weiß aber auch: Schulleiter werden ist nicht schwer. Schulleiter sein dagegen sehr. Es sind heute immer weniger Lehrer bereit, Schulleiter zu werden. Das hat Gründe. Da ist zunächst die Bezahlung. Die unterscheidet sich kaum vom Durchschnittslehrergehalt. Er darf sogar, manchmal über Jahre, für das alte Gehalt arbeiten. Er muss auch weiterhin unterrichten, je nach Größe der Schule bis zwanzig Stunden, die Entlastung von circa acht Unterrichtsstunden wiegt die Arbeitsbelastung nicht auf.

Die psychologische Veränderung wird für ihn auch spürbar. Alle im Umfeld werden zu Gegnern, die Kollegen entfernen sich emotional von ihm, er kann sich nicht mehr kumpelhaft zu den Kollegen setzen und sich auslassen über einen anderen Kollegen, weil der sich wieder einmal selten dämlich verhalten hat.

Die Eltern setzen ihn unter Druck, die untere Schulaufsicht, die obere Schulaufsicht ebenso.

Einsam wird es um ihn.

Warum also Schulleiter werden?

Kann nur jemand beantworten, der sich dazu hingezogen fühlt. Es gibt sicher 111 Gründe, die dafür sprechen. Wen diese Gründe nicht interessieren, der sollte froh sein, wenn er einen engagierten Schulleiter hat.

GRUND 45

Weil er einen Konrektor hat

Der Konrektor ist ein Mensch, der sich entweder nicht wirklich traut, eine Schule zu leiten, oder auf dem Weg nach oben ist. Er, der Konrektor, ist so eine Art Bindeglied zwischen Schulleiter und Kollegium, vermittelt, wenn es mal nicht so läuft. »Das hat er doch gar nicht so gemeint.« Oder: »Du solltest aber auch mal bedenken, unter welchem Druck der Mensch steht.«

Wie kommt man in die Position eines Konrektors? Das bedarf wohl erst einmal einer guten Leistungsbeurteilung durch den Schulleiter. Man muss schon mal den Kopf aus dem grauen Feld des Durchschnitts herausgehoben haben, gezeigt haben, dass man strukturiert denken kann.

Gut ist es für den Konrektor, wenn er eine Art Plan mit seinem Chef ausarbeitet, denn dann weiß er, was er zu tun und zu lassen hat. So bleiben ihm im Normalfall als Aufgaben die Erstellung des Stundenplans für die Schule und die Organisation des Vertretungsplans für den Tag. Das wird am Ende seine Hauptaufgabe sein. Er wird auch Gespräche mit den Kollegen führen müssen, und er muss immer noch unterrichten. Das darf er nicht vergessen.

Er hat immer das Gefühl, er tue nicht genug, er könnte mehr arbeiten. Wenn er für diesen Gedanken einmal eine Ursache finden würde, wäre er einen gewaltigen Schritt weiter. Ihn treibt immer der Zweifel um, dass er nicht in der Lage ist, seinen Aufgaben gerecht zu werden. Und so sitzt er schon morgens um halb acht in seinem Konrektorenzimmer – sofern er eins hat – und wartet auf die Anrufe von den Kollegen, die aus den verschiedensten Gründen heute nicht kommen können. Der erste Anruf eines Kollegen kommt um halb acht. Dieser Kollege kann nicht kommen, denn er hat einen depressiven Schub und wird sich in psychiatrische Behandlung begeben müssen. Er, der Konrektor, soll ihn mal bei seiner Vertretungsplanung außen vor lassen. Ein ärztliches Attest reicht er nach.

Eine Mutter entschuldigt ihr Kind aus der 7a. Es weigert sich aufzustehen. Sie kann da auch nichts machen, denn ihr Mann ist schon bei der Arbeit. Der letzte Anruf, dass man nicht kommen kann, kommt zwei Minuten vor Unterrichtsbeginn. Die Junglehrerin ist am Apparat. Sie liegt mit einem Eiweißschock im Bett. Sie hatte ihren Freund gestern Abend zum Abendessen eingeladen. Der hat sie dann leider versetzt und so hat sie die ganzen Scampi alleine aufgegessen. Jetzt hat sie ein völlig verquollenes Gesicht. So kann sie beim besten Willen nicht unter die Leute.

Und so rast der Konrektor noch schnell ins Lehrerzimmer und schreibt den Vertretungsplan für den Tag um. »Bitte denken Sie daran, noch einmal auf den Plan zu gucken. Es hat sich einiges geändert!« Die Meute der anwesenden Lehrer stürzt zum Vertretungsstundenplan und äußert sich ungehalten über die Zumutung, zwei Klassen gleichzeitig betreuen zu müssen. Der Überbringer der Nachricht ist der Schuldige, nicht der Verursacher. Aber es gibt auch Kollegen, die irgendwie Mitleid mit ihm haben, mit dem Konrektor. Der kann doch nun wirklich nichts dafür.

GRUND 46

Weil er einen Schulrat hat

Schulen müssen unter Aufsicht gestellt werden. Das machen zwar die Eltern oder die Medien sowieso schon, aber es muss auch eine behördliche Institution her, das Bildungsministerium, damit das alles seine Richtigkeit hat. Es stellt die Fachaufsicht, die Dienstaufsicht, die Rechtsaufsicht. Das Amt ist natürlich hoffnungslos überfordert mit diesem Ansinnen. Wer kann schon von der Landeshauptstadt aus die Schulen beraten, insbesondere Lehrern bei der Erfüllung ihrer Aufgaben helfen? Hier wird dann der Schulrat tätig oder die Schulrätin, die oft einen Doppelnamen hat, zum Beispiel Brään-Storm.

Den Schulrat bekommt man als normaler Lehrer gar nicht zu sehen, vielleicht mal auf dem Flur, von wo er dann ganz schnell im Zimmer des Schulleiters verschwindet. Wenn man allerdings auffällig geworden ist, wenn Eltern sich über die Unterrichtsführung beim Schulrat beschwert haben, und das häufiger, dann kann es sein, dass er, der pädagogische Messias, kommt und sich den Unterricht ansieht. Oftmals sind es Kleinigkeiten und in einem gemeinsamen Gespräch mit den Eltern gelingt es meist, die Wogen zu glätten.

Nun kommt es aber immer wieder vor, dass Menschen Lehrer geworden sind, die von der pädagogischen Erleuchtung weit entfernt sind. Dann könnte der Schulrat dem armen Lehrer den Rat mit auf den Weg geben, dass das fehlende Bewusstsein des Kollegen für seine Situation ihn daran hindert, die nötigen Konsequenzen zu ziehen. Wenn man sich einfach schlecht in seiner Situation als Lehrer fühlt, sollte man nicht davor zurückschrecken, aktiv zu werden, und von sich aus den Dienst quittieren. Dann ist allen Seiten geholfen. Sollte man mal drüber nachdenken. Er, der Schulrat, möchte nicht sehenden Auges miterleben müssen, wie so ein

Mensch zugrunde geht und dann in ein, zwei Jahren mit »Burn-out« die Schule verlassen muss. Da hat er eine Fürsorgepflicht dem Lehrer, aber auch dem Schüler gegenüber, wenn er versteht, was er meint.

GRUND 47

Weil es einen Hausmeister gibt

Der Hausmeister wird von den Schülern oft mit dem Schulleiter verwechselt, und ob seiner offensichtlichen Macht beantworten viele der Jüngeren die Frage, wem denn die Schule gehöre, mit einem klaren: »Dem Hausmeister natürlich.«

Ohne Hausmeister wäre der Lehrer völlig aufgeschmissen. Nichts, überhaupt nichts würde in der Schule laufen. Der Hausmeister muss dafür sorgen, dass der Verstärker und das Mikrofon funktionieren. Der Schulleiter will ja bei seiner Ansprache für die neuen Schüler oder bei seiner Rede für die Entlassschüler verstanden werden, also erst mal akustisch, ob inhaltlich ist eine andere Frage. Dafür ist der Hausmeister nun wirklich nicht zuständig.

Der Hausmeister muss den Rasen mähen, im Winter den Schnee wegräumen, natürlich längst bevor das erste Wesen die Schule betritt. Das sollte in der Regel der Schulleiter sein. Der muss ja mit gutem Beispiel vorangehen.

Aber er, der Hausmeister, hätte ja nun wirklich den Stellplatz für den Schulleiter direkt vor dem Eingang zur Schule ein bisschen sorgfältiger räumen können. Wirklich! Der Schulleiter möchte nicht mit solch banalen Dingen wie Räumung des Parkplatzes belästigt werden. Er hat größere Aufgaben zu lösen.

Ein Hausmeister wohnt normalerweise in der Schule, das heißt nicht wirklich in der Schule, aber an der Schule, sodass er immer alles mitkriegt, immer sofort eingreifen kann. Graffitisprayer sind ihm ein Dorn im Auge. Wenn er welche erwischt, zögert er nicht, die Polizei zu holen. Wenn die nicht kommt, legt er schon mal selbst Hand an und sperrt die armen Geister auf der Stelle in den Heizungskeller. Was sind denn das für Menschen, die so was tun. Was macht das denn für einen Eindruck auf die Bevölkerung, eine völlig versiffte Schule: »Fuck the teachers!« Okay, eigentlich, das muss er insgeheim zugeben, findet er den Spruch ganz gut, aber auf wen fällt das dann zurück? Natürlich! Auf den Hausmeister. Na toll, und dann der Schulleiter: »Machen Sie das mal weg. Wie sieht denn das aus! Das kann doch wohl nicht so schwer sein.« Der hat gut reden, der muss es ja nicht machen.

Der Hausmeister muss die Zentralheizungsanlage bedienen können, Wasserhähne, Türschlösser, Türdrücker, Fensterverschlüsse, Kloverstopfungen reparieren können. Hydranten vor dem Einfrieren schützen, bei Frostgefahr rechtzeitig die Wasserhähne entleeren. Er muss Vereine oder andere schulfremde Nutzer kontrollieren, die in der schulfreien Zeit die Anlagen gebrauchen wollen.

Er muss auf Unvorhergesehenes reagieren können. Wenn er zum Beispiel einen Schüler befreien muss, der seinen Kopf zwischen Rückenlehne und Sitzfläche eines Stuhls gesteckt hat und sich nun nicht mehr befreien kann. Da braucht es kreatives Potenzial. Da braucht er die Motorsäge. Dabei aber nicht abrutschen, sonst könnte es ein Unglück geben. Die Frage, warum der Schüler das getan hat, interessiert vielleicht einen Lehrer, aber keinen Hausmeister. Der Hausmeister muss Lösungen finden, auf der Stelle. Schluss, aus, basta!

Seine Arbeitszeit beginnt um 6 Uhr morgens und endet mit dem letzten Inspektionsgang am späten Abend. Besonders Elternabende können ihn an die Grenze seiner Toleranz bringen. Frau Krause zum Beispiel, die Klassenlehrerin der 7b, kann und kann kein Ende finden. Da muss er schon mal am Sicherungskasten das Licht ausschalten, aber nur kurz, er ist ja kein Unmensch. Und dann geht er leutselig in den Klassenraum und fragt ein wenig scheinheilig, wie lange es denn wohl noch geht. Man möchte auch irgendwann mal Feierabend haben. Der sei ihm gegönnt. Er hilft verzweifelten Kollegen, die ihren Schlüssel suchen, oder wenn der Kopierer wieder einmal kurz vor Stundenbeginn gestreikt hat.

Aber egal, welch lauteren Charakters ein Hausmeister auch sein mag, keiner wird ihn vor der schleichenden Gefahr des zunehmenden Machtgefühls und der Empfindung der Überlegenheit schützen können. Im Laufe der Jahre kreist im Hinterkopf des Hausmeisters immer deutlicher die Frage: Wozu haben die studiert und verdienen so viel mehr Geld als ich?

Diese Frage mögen sich viele Lehrer auch selbst stellen, wenn sie wieder mal hilflos vor der »Seele der Schule« stehen. Wirklich gefährlich wird es allerdings, wenn dieses Machtgefühl des Hausmeisters dazu führt, dass seine Selbsteinschätzung der überlegenen pädagogischen Kompetenz vom Lehrer angenommen wird. Die Opfer sind dann vorrangig Referendare und Kollegen, die noch nicht lange im Dienst sind. So kann es passieren, dass ein mächtiger Hausmeister einen jüngeren Lehrer vor der Klasse zusammenfaltet, weil das Gebaren der Schüler nicht seinen Vorstellungen entspricht.

Sind aber an einer Schule die Zuständigkeiten eindeutig geklärt, bleibt nur die Frage: Was wären Lehrer ohne ihren Hausmeister?

GRUND 48

Weil er die Abhängigkeit von der Schulsekretärin liebt

Keiner kann die Atmosphäre einer Schule stärker beeinflussen als das »Herz der Schule«: die Schulsekretärin!

Sie ist in den meisten Fällen Anlaufstelle für Schüler, Eltern, Lehrer, Handwerker, Lieferanten und so weiter. Alle wollen immer was von ihr und das sofort. Am Schulleben beteiligte Personen erwarten Präsenz von der Schulsekretärin, auch und gerade dann, wenn sie als Alleinkraft arbeitet. Für Notfälle soll sie als zentrale Anlaufstelle erreichbar sein. Serviceleistungen in Form von Information und Beratung werden ihr unmittelbar abverlangt. Insgesamt prägt und beeinflusst eine gut integrierte, kompetente Schulsekretärin die Innen- und Außenwirkung der Schule.

Neben der Außenwirkung, die sich vor allem im Kontakt mit den Eltern niederschlägt, unterstützt sie in erster Linie die Schulleitung. Denn ist der Chef entlastet, darf sich auch der gemeine Lehrer über die entspannte Stimmung freuen. Im schlechtesten Fall ist der Lehrer von den Launen einer Schulsekretärin abhängig, was ihn in seiner grenzenlosen Ahnungslosigkeit zur Verzweiflung treiben kann.

Bald aber ahnend, wie wichtig diese zentrale Schaltstelle der Schule ist, lernt er, mit diesen Unwägbarkeiten umzugehen. Was bleibt ihm auch anderes übrig? Wenn der Kollege nach 35 Dienstjahren immer noch nicht weiß, wie man einen Reisekostenantrag richtig ausfüllt, ist nur eine da, die ihn retten kann.

- »Wie legt man die Zeugnisformulare richtig in den Drucker?«
- »Wo ist die Schülerakte von Dennis?«
- »Können Sie bitte bei Anouk-Charlene zu Hause anrufen, damit sie abgeholt wird?«
- »Es ist mir zwar peinlich, aber ich habe jetzt Unterricht und Patrik hat sich gerade in der Pausenhalle übergeben.«
- »Können sie mal Kevin versorgen. Er hat sich das Knie aufgeschlagen und ich kann kein Blut sehen.«

Ja, der Lehrer liebt seine Abhängigkeit von der Schulsekretärin, denn was als unabänderlich erkannt wird, erleichtert den Schulalltag.

GRUND 49

Weil er einen Personalrat hat

Schulrecht ist Ländersache. Dies trifft auch auf die Regelungen bezüglich der Lehrervertretungen zu. Da gibt es auf Landesebene einen Hauptpersonalrat, in den Kreisen einen Bezirkspersonalrat und in den Schulen einen örtlichen Personalrat. Um letzteren soll es hier gehen.

Welche Aufgaben hat ein Personalrat an einer Schule? Vornehmlich hat der Personalrat darauf zu achten, dass Benachteiligungen eines Lehrers wegen der Abstammung, Religion, Nationalität, Einstellung und des Geschlechtes unterbleiben. Er soll Anregungen der Beschäftigten nachgehen und dafür sorgen, dass berechtigten Beschwerden abgeholfen wird.

Personalratswahlen sind manchmal heikler, als man vermutet. Da spielen persönliche Eitelkeiten eine größere Rolle. Der sich nicht zur Wahl stellende Beschäftigte ahnt nicht, wie groß die persönliche Befriedigung ist, wenn man gewählt wird. Im Glücksfall hat das ein- bis sechsköpfige gewählte Gremium den vollen Rückhalt des Kollegiums. Hat der Personalrat in seinem Amt vornehmlich mit der Planung und Durchführung von Personalratssitzungen und Kollegiumsausflügen zu tun, ist die Aufgabe meist relativ einfach zu lösen. Doch fühlt sich mancher Lehrer berufen, für ein wenig mehr Beschäftigung zu sorgen.

Muss er tatsächlich schon wieder den Klassenraum wechseln? Ist er der Einzige mit zwei Springstunden? Warum sind bei der Planung des nächsten Schuljahres so wenige seiner deutlich geäußerten Wünsche in Erfüllung gegangen? Muss er wirklich an allen Konferenzen teilnehmen, obwohl er doch seine Stundenzahl reduziert und damit auf viel Gehalt verzichtet hat? Und warum, bitte, hat er eine Frühaufsicht, obwohl doch jeder weiß, dass er jeden Tag 45 Kilometer fahren muss?

Da freut sich der Lehrer doch, dass er einen Personalrat hat. Ist doch einfacher, im Stillen vor den von ihm gewählten Vertretern zu grummeln, als sich vor dem Schulleiter gerade zu machen.

GRUND 50

Weil er Verständnis für Messies hat

Was ein Ossi oder ein Wessi ist, weiß man seit der Wiedervereinigung. Auch was ein »Messie« ist, weiß jeder. Doch hilft es, den Begriff noch einmal nachzuschlagen. Er kommt, wie so vieles, aus dem Amerikanischen. Im Oxford-Duden steht unter »messy«: adj.) (dirty) schmutzig; (untidy) unordentlich; (be a – workman) unordentlich arbeiten. Er umschreibt also einen Menschen, der unordentlich, schlampig ist, nichts gebacken kriegt. Mit anderen Worten, es könnte manchmal auch ein Lehrer sein.

Dieser Begriff macht den Lehrer klüger, er sieht plötzlich die Kollegen mit ganz anderen Augen. Natürlich sind nur die anderen »Messies«. So die Kollegin, die jeden Morgen eine Minute vor acht in die Schule geweht kommt und jedem mitteilt, auch dem, der das gar nicht wissen will, dass alle Ampeln auf Rot und die Straßen wieder einmal völlig verstopft waren. Am Kopierer bittet sie den Kollegen, sie doch vorzulassen, da sie die Kopien in der ersten Stunde braucht. Wer kann da schon Nein sagen?

Der Sportlehrer hat leider heute seinen Trainingsanzug vergessen, da bedient er sich schon mal ungefragt beim Kollegen und zieht dessen Sportdress an, der in der Lehrerumkleidekabine hängt, nur die Turnschuhe sind ein bisschen zu groß. In einer Freistunde kann es einem passieren, dass ein Kollege fragt, ob man nicht mal kurz in seine Klasse gehen kann, er muss unbedingt ein wichtiges Telefongespräch führen. Klar, dass man da hilft. Das wichtige Telefongespräch dauert dann aber doch 45 Minuten.

Ein »Messie« ist daran zu erkennen, dass er nach einer Konferenz sofort weg ist. Er verschwindet aber nicht, um sich in seine Privatheit zurückzuziehen, sondern um beim »Mykonos«, dem griechischen Lokal am Ort, Plätze freizuhalten. Dort bestellt er einen Liter Rosé, der aber schon zur Hälfte geleert ist, wenn die anderen dazustoßen. Man wird doch wohl mal probieren dürfen, oder?

Die für ein Projekt bestellten Zeitungen liegen bereits wie jeden Morgen geliefert im Lehrerzimmer. Darauf kann man sich verlassen, aber auch darauf, dass die Verpackung aufgerissen und einige Zeitungen bereits unter den Kollegen verteilt sind. Als Lehrer muss man sich doch informieren.

Ein »Messie« ist an seinem Platz im Lehrerzimmer auszumachen. Er ist zugemüllt mit Arbeitsblättern, Anschauungsmaterial, Prospekten, umrahmt mit Käseresten und Brotkrümeln und mit leeren und halb vollen Kaffeetassen, die auf dem Tisch hässliche Kaffeeränder hinterlassen. Sein Postfach dient zur Ablage von Tränengaspistolen, Handschellen, CDs und Kaugummi. Seine Glückseligkeit scheint im Chaos zu liegen. Der Schulleiter hat es längst aufgegeben, daran was zu ändern.

Ein »Messie« vergisst grundsätzlich seine Aufsichten. So etwas Profanes hindert ihn an seinem pädagogischen Wirken. Und wenn der Schulleiter ihn an seine Pausenaufsicht erinnert: »Sagen Sie mal, haben Sie jetzt nicht gerade Aufsicht auf Hof 1?«, weiß er zu antworten: »Nein, auf Hof 2!«

Das entspannte Gespräch mit dem Kollegen hat Vorrang. Dass eine Kollegin ihn am Ende der Pause auf so humorlose Art daran erinnert, dass sie wieder mal allein Aufsicht geführt hat, kann er überhaupt nicht verstehen. Sie hat doch Aufsicht gemacht. Wo ist das Problem?

GRUND 51

Weil er an einem Betriebsausflug teilnehmen darf

Betriebsausflüge sind wichtig. Sich auch mal auf privater Ebene treffen und gemeinsam etwas unternehmen fördert die Harmonie untereinander. Das wiederum wirkt sich positiv auf den Unterricht, die Stimmung allgemein aus. Auch schön, mit dem Schulleiter einmal persönliche Worte wechseln zu können. Kann nie schaden, wer weiß, wozu das mal gut sein könnte.

Und so wird unter dem Punkt »Verschiedenes« auf der Dienstversammlung einstimmig beschlossen, dass der Personalrat sich einmal etwas überlegen sollte. Darf auch was kosten, also mal ein Busunternehmen beauftragen, mal was anbieten, meint der Schulleiter, dem es wichtig ist, dass die Stimmung im Kollegium gut bleibt oder wird. Na ja, ein kleiner finanzieller Beitrag wird ja wohl drin sein, das ist doch nicht zu viel verlangt, oder? Vielleicht fände sich ja auch noch irgendwo eine Möglichkeit, einen kleinen Zuschuss zu bekommen.

Der Personalrat macht sich Gedanken. Der Betriebsausflug könnte ein Ausflug mit Bus oder privatem Pkw sein, bei dem das gesellige Beisammensein im Vordergrund steht. Eine belehrende Thematik, die nicht unbedingt pädagogische Zielsetzungen hat, ist durchaus vorstellbar. Man könnte da an eine Weinprobe denken oder an den Besuch einer Ausstellung in der nahe gelegenen Kreisstadt mit anschließender Diskussion mit dem Künstler und nachfolgender Beköstigung mit Kaffee und Kuchen in der angeschlossenen Cafeteria. Oder wie wäre es denn mit einem Theaterbesuch? Muss ja nicht unbedingt eine Tragödie sein.

Oder warum nicht mal eine sportliche Aktivität am Nachmittag? Mit dem Fahrrad los, eine Kanufahrt oder mal bowlen?

Da würde die Hälfte nicht mitmachen.

Fehlende Babysitter – Krankengymnastik – Heilpraktikertermine – Mittagsschlaf – viel zu hetzig – nicht zu schaffen – zu müde – man muss sich vorbereiten – bloß nicht freitags, dann ist das Wochenende zu kurz – in der Woche geht man früh schlafen – Bandscheibenvorfall – Knie – Hüften – Kondition – nein, das geht alles nicht, es soll doch nett werden und nicht zur Erschöpfung führen.

Ja, und warum nicht ein Museumsbesuch?

Bei Führungen kommt man sich auch nicht unbedingt näher, zudem ist das ausgesprochen anstrengend und man wollte sich doch erholen und entspannen. Bei dem Stichwort »entspannen« kommt von einem jüngeren Kollegen der Vorschlag zum Saunabesuch. Na, das ist ja wohl voll daneben.

Oder mal abends nett essen gehen?

Aber wo?

Bloß nicht so weit fahren, aber auch nicht so nah. Da kennen einen ja alle. Nicht so teuer, nicht so exotisch, man müsste aber unter sich sein können. Gibt es auch Vegetarisches? Abends essen ist ungesund und macht dick, trinken kann man auch nicht, wenn man fahren muss, und außerdem sitzen da auch wieder die zusammen, die immer zusammensitzen.

Der Vorschlag, zur nächsten Dienstversammlung Kaffee und Kuchen mitzubringen – anstelle eines Betriebsausfluges –, wird einstimmig angenommen.

GRUND 52

Weil er keinen eigenen Arbeitsplatz
in der Schule hat

Für Außenstehende arbeitet ein Lehrer im Schnitt von 8 bis 13 Uhr. Dann hat er seine Arbeit getan. Vielleicht ab und an noch ein paar Hefte korrigieren.

Kein Wunder, wenn da Neid aufkommt. Hätte jeder Lehrer sein eigenes Arbeitszimmer in der Schule, wäre so mancher Nachbar überrascht, wie spät der Lehrer nach Hause kommt. Was macht der da ohne Schüler?

Ein Lehrer mit einem weiten Anfahrtsweg versucht schon öfter, einen Teil seiner Vor- und Nachbereitungen in der Schule zu erledigen. Bei der Planung des Stundenplans lässt es sich nicht immer vermeiden, dass der Lehrer Springstunden hat, also Stunden während des Unterrichtsablaufs, in denen er nicht unterrichten muss. Toll, da kann er ja schon einiges erledigen, denkt der noch unerfahrene Lehrer. – Also, ins Lehrerzimmer setzen und schon mal ein paar Haushefte kontrollieren. Hier läuft er nie Gefahr, allzu weit zu kommen. Im Minutentakt treten Ereignisse ein, mit denen er nicht gerechnet hat. Es klopft.

Ein Schüler sagt, dass kein Lehrer bei ihnen in der Klasse ist.

Klara sagt: »Frau Müller fragt, ob du mal eben eine Kopie machen kannst.«

Die Mutter von Dennis, Frau Friedemann, fragt, wo Frau Droemel gerade Unterricht hat.

Der Postbote fragt, ob man das Paket entgegennehmen könne, die Sekretärin sei gerade nicht da.

Herr Gabelstapler, der Handwerker, möchte wissen, ob der Lehrer den Hausmeister gesehen hat.

Laura hätte gern ein Kühlpack, denn Steffi ist gerade mit dem Stuhl umgekippt und mit dem Kopf gegen die Heizung gefallen.

Und wenn das alles nicht eintritt, gibt es bestimmt einen zweiten Kollegen im Lehrerzimmer, der auch eine Freistunde hat, sich gerade in einem pädagogischen und privaten Tief befindet und Zuspruch haben möchte.

Will der Lehrer ungestörter sein, hat er eventuell den Kopierraum. Hier kann er in Ruhe Vorlagen zusammenschnipseln und klassenweise kopieren.

Sollten ihn die Ausdünstungen des Kopierers und die Unordnung der Kollegen daran zweifeln lassen, ob das der richtige Arbeitsplatz ist, hat er noch die Möglichkeit, einen freien Klassen- oder Gruppenraum zu suchen. Hier tauchen nach kurzer Zeit die ersten Schülergruppen auf, die auch einen freien Raum suchen, um ihre Gruppenarbeit zu erledigen.

In der Schule findet der Lehrer keine Ruhe.

GRUND 53

Weil er Kinder gern hat

Für einen Lehrer ist die morgendliche Lektüre der Zeitung nicht immer ein Vergnügen. Und weil manches ihn so aufregt, muss er das sofort im Unterricht thematisieren.

Heute hat ihn ein Artikel über die Schließung einer Kindertagesstätte zur Weißglut gebracht. Die Räume der Kita liegen in einem Wohngebiet. Früher war hier die Post untergebracht, die sich mit Stahltür und Fenstergitter gegen Diebe gesichert hat. Aus verständlichen Gründen haben die Betreiber der Kita Stahltür und Fenstergitter entfernen lassen. Nun soll alles wieder zurückgebaut werden, nicht weil es Sinn macht, nein, aus reiner Schikane, weil die Anwohner sich durch den Kinderlärm genervt fühlen.

Da durch eine Gesetzesänderung Kinderlärm nicht mehr eine schädliche Umwelteinwirkung ist, kann man dagegen auch nicht mehr klagen. Es müssen andere Maßnahmen ergriffen werden. So wird die Einfahrt zur Kita zugestellt, um die Parkplätze für die Eltern zu blockieren.

»Bring deine Dreckskröte zum Schweigen«, hat ein Anwohner gebrüllt. Der Lehrer meint, das ist schlimmer, als eine Bank zu überfallen oder einen Mord zu begehen, denn ein Bankräuber oder ein Mörder ist sich seiner bösen Tat durchaus bewusst, und er geht dabei auch noch ein hohes Risiko ein, gefasst zu werden. Der Quaker aus der Wohnung neben dem Kinderhort stellt seinen bräsigen Egoismus in den Vordergrund und brüllt seine Aggressionen aus der Sicherheit seiner Wohnung in die Welt. Er vergiftet den Brunnen, aus dem alle trinken. »Worüber Sie sich aber auch immer aufregen!«, meint ein Schüler.

Schule ist Beschiss:
Draußen steht 1. Klasse –
drinnen schäbige Holzbänke.

KAPITEL 8

Vorlieben

GRUND 54

Weil ihm die Grammatik am Herzen liegt

Des Lehrers Anliegen ist es, dass seine Geister die deutsche Sprache in ihrer Vielfalt annehmen, verstehen und richtig anwenden können. Das verlangt viel Geduld und die unerschütterliche Hoffnung, dass am Ende was hängen bleibt. Und so versucht er mit dem Beispiel, das er an die Tafel schreibt, seine Schüler für die Grammatik zu begeistern:

»Wem gehört das Fahrrad im Treppenhaus?«

Antwort: »Ich!«

Okay, die Botschaft wird verstanden. Das versteht ja wohl jeder. Da fragt jemand, ob einem das Rad im Aufgang eines Mehrfamilienhauses gehört. Es könnte der Hausmeister sein, dem das Rad ein Dorn im Auge ist, weil es im Wege steht und die anderen Menschen im Hause nerven könnte, oder es ist jemand, der das Rad mal kurz ausleihen möchte, um Brötchen zu holen. Und damit der Besitzer nicht denkt, er will es stehlen, sagt er, dass er keine böse Absicht hat, indem er fragt.

Darauf bekommt er eine Antwort, die zum Ausdruck bringt, dass die Frage beim Eigentümer des Rades angekommen ist, also »ich«. Er erklärt mit dieser Antwort, dass ihm das Rad zu eigen ist. Man hat verstanden.

So steht für den Lehrer die Frage im Raum: »Darf man das so sagen?« Nein, natürlich nicht. Das ist einem Lehrer wichtig, auf solche Laxheiten hinzuweisen, denn die Kultur eines Menschen ist auch an dem richtigen Gebrauch der Grammatik abzulesen.

Die Deklination der Personalpronomen sollte man wie Vokabeln lernen: Erste Person Singular »ich, meiner, mir, mich«. Das täte einem gut. Also, erste Person Singular ist im dritten Fall Dativ »mir«, nicht erster Fall Nominativ »ich«. Nach der ersten Person Singular fragt man mit »Wer oder was?« und in der dritten Person

Singular mit »Wem oder was?«. Spätestens jetzt wird dem Lehrer wieder mal klar, dass er über die Köpfe seiner Schüler hinweg redet.

Dann macht der Lehrer noch einen Exkurs in die Staatsbürgerkunde. Das Fach kommt ja meistens viel zu kurz. Und so greift er noch einmal den Satz auf: »Wem gehört das Fahrrad im Treppenhaus?« Der Schüler soll sich jetzt mal in die Rolle des Eigentümers des Rades versetzen. Mal angenommen, der Eigentümer leiht seinem Freund sein Fahrrad. Dieser verkauft das Rad an einen anderen. Nun möchte der Lehrer darüber diskutieren, wem jetzt das Rad gehört.

Die Diskussion verläuft wenig ergiebig, bis der Lehrer, der mal wieder alles besser weiß, das *Bürgerliche Gesetzbuch* rausholt und den § 932 zitiert. Da wird von einem gutgläubigen Erwerb vom Nichtberechtigten gesprochen. Der kann durchaus neuer Eigentümer des Rades werden. Der eigentliche Eigentümer des Rades kann aber das Geld vom Verkäufer herausfordern. In diesem Beispiel ist also der gutgläubige Erwerber der neue Eigentümer.

»Der spinnt doch!«, sagt ein Schüler.

Das ist korrekt, weil es eine Eigenheit der deutschen Sprache ist, dass man anstelle von Nomen nicht nur »echte« Pronomen, sondern auch den Artikel, also das Objektzeigewort »der«, verwenden kann. Bleibt für den Lehrer nur noch zu klären, wer mit »der« gemeint ist, er oder der Fahrradverkäufer.

GRUND 55

Weil ein Lehrer alles weiß

Ein Lehrer weiß alles. Deshalb ist er ja auch in der Gesellschaft so »beliebt«. Wer will sich als Normalbürger von einem Lehrer schon sagen lassen, was er alles nicht weiß. Ja, der Lehrer ist nun mal ein Besserwisser, fürchterlich. Aber was kann er dafür, er weiß es nun mal alles besser. So weiß er, dass die amerikanische Jazzrock-Gruppe »Blood, Sweat & Tears« sich nach einem Zitat von Sir Winston Churchill benannt hat. Diese Worte stammen aus seiner Antrittsrede als Premierminister, als England sich gegen die Nazihorden 1940 zur Wehr setzen musste.

Ja, ja, ein Lehrer weiß alles, zum Beispiel dass Surinam in Südamerika liegt, das ehemalige Niederländisch-Guayana, seit 1975 unabhängig, und dass die Hauptstadt Paramaribo heißt und es das kleinste Land Südamerikas ist. Er weiß, dass Hamburg auf dem zehnten Grad östlicher Länge und auf dem 53. Grad nördlicher Breite liegt, die Christus-Statue in Rio de Janeiro nicht auf dem Zuckerhut, sondern auf dem Corcovado steht, dass die West-Ost-Ausdehnung von Kuba weit über 1000 Kilometer ist, dass die Beatles mit *Love Me Do* ihre erste offizielle Single in England herausbrachten, dass der Amazonas nicht der längste, wohl aber der wasserreichste Fluss der Welt ist und dass das Kap der Guten Hoffnung an der Südspitze Afrikas liegt und der Entdecker der portugiesische Seefahrer Bartolomeu Diaz war, der es »Cabo da Boa Esperança« nannte.

Das sind doch alles wichtige Dinge, das muss man, das sollte man doch wissen, meint er, das gehört zur Allgemeinbildung eines zivilisierten Mitteleuropäers. Wenn er dann mal aus seinem Bildungsschatzkästlein ungefragt berichten will, dann wendet sich alles angenervt ab, und so bleibt er am Ende auf seinem Wissen wie Robinson Crusoe auf seiner Insel sitzen.

Und damit er auch versteht, dass seine Bildung nicht gefragt ist, wird er gefragt, ob er denn weiß, wie der Erfinder des Schnellkochtopfes heißt. Da ist er jetzt mal echt überfragt, er muss passen. Auf »Garibaldi« kommt er nicht. Spätestens bei der Frage, wie Sonnenuntergang auf Finnisch heißt, merkt er, dass er verarscht werden soll. Auf »Helsinki« kommt er ebenfalls nicht. Er wird es sich aber nicht nehmen lassen, zu Hause im Computer nachzuschauen, wie denn nun die wirkliche Lösung lautet. Er findet unter Erfinder des Schnellkochtopfes »Denis Papin, französischer Physiker«. Die Österreicher sprechen daher auch vom papinschen Topf und unter Sonnenuntergang auf Finnisch findet er »auringonlaski«. Aber das behält er lieber für sich. Solch ein Wissen ist ja nicht gefragt.

Dafür kann er aber keine Autobatterie auswechseln. Kein Fahrrad reparieren. Keine Waschmaschine anschließen oder das verstopfte Klo reinigen. Für so was braucht er Unterstützung von der Gesellschaft. Da merkt er, dass er abhängig von ihr ist. Und er muss feststellen, dass selbst ein Lehrer nicht perfekt ist, eben auch nur ein Mensch.

GRUND 56

Weil es jedes Jahr Bundesjugendspiele gibt

Bundesjugendspiele sind eine willkommene Unterbrechung des Schulalltags. Der Lehrer muss sich keine Gedanken für den nächsten Tag machen. Er weiß jetzt schon, wo er morgen eingesetzt ist. Wunderbar! Das entspannt doch enorm.

Die Schüler laufen, springen und werfen lassen. Der Termin wird immer so gelegt, dass die Wahrscheinlichkeit, dass es nicht regnet, am größten ist. Das wäre so um Pfingsten herum. Es sieht aber wie jedes Jahr wieder nach Regen aus. Jedes Jahr dasselbe. Also, wenn es am Morgen nieselt, trotzdem nur Sportzeug mitbringen, wenn es stark regnet, auch die Schulsachen mitbringen.

Und so trifft man sich bei leichtem Nieselregen im Stadion des Ortes. Der Platzwart empfängt die Schüler mit seinen beiden Schäferhunden, die laut bellend mit gefletschten Zähnen wild an der Leine ziehen. Der Rasen des Sportplatzes darf heute nicht betreten werden, er ist frisch angesät. Nach dieser Ansage verlässt der Platzwart mit seinen Hunden das Areal und verschwindet in seiner Wohnung.

Die Halbtagskräfte haben schon mal den Personalrat eingeschaltet. Sie sehen überhaupt nicht ein, warum sie die ganze Zeit dableiben müssen, sie kriegen ja auch nur die Hälfte des Geldes.

Die Sportlehrer haben alles vorbereitet, die Weitsprunganlage geharkt, Metermaßband hingelegt und Stühle hingestellt für die Kollegen, rot-weiße Markierungsbänder angebracht, um die Bahnen voneinander zu trennen – nicht auszudenken, was da passieren könnte, wenn einer die Anlaufbahn wechselt. Der eine oder andere Schüler ist der Meinung, dass er heute keine Lust hat mitzumachen. Sich dann bitte beim Organisator melden, der teilt die Schüler für Hilfsdienste ein, sollen helfen beim Weitsprung. Dabei muss man nach jedem Sprung in die Knie gehen, das Maßband mit dem Anfang am ersten Eindruck des Fußes anlegen. Die gesprungene Weite liest dann der Lehrer auf seinem Stuhl ab, muss sich dafür noch nicht mal erheben. Der trägt dann die Weite auf einem Laufzettel des Schülers ein.

Die Entfernungen beim Laufen sind 50, 75 und 100 Meter, je nach Alter. Der dicke Klaus läuft nicht; wenn man ihm zugetan ist, könnte man sagen, er geht schnell, auch eine Möglichkeit, ans Ziel zu kommen. Am Start gibt ein Lehrer das Startsignal: Auf die Plätze ... fertig ... klatsch. Das Geräusch entsteht beim Zusammenklappen von zwei Brettern, die dem Zeitnehmer am Ziel anzeigen, dass er jetzt auf die Stoppuhr drücken muss. Bitte am Ende in der Bahn bleiben, sonst kann man dem Läufer nicht seine Zeit zurufen.

Beim Weitwurf werden 80 Gramm schwere Schlagbälle geworfen. Einige Mädchen schaffen es, in drei Versuchen den Ball drei Meter weit zu werfen. Das ist wirklich auch eine Leistung. Wer älter ist, darf auch mit dem Schleuderball werfen. Der ist immerhin ein Kilogramm schwer.

Der Schulleiter kommt zur Eröffnung ins Stadion und spricht über Mikrofon, dass er sich von den Schülern erhofft, dass sie ihr Bestes geben, auch wenn das Wetter nicht so ist, wie es sein sollte. Dann verschwindet er und taucht erst wieder auf, als die

Ehrenurkunden verteilt werden müssen. Früher hießen die Ehrenurkunden Heuss-Urkunden, nach dem ersten Bundespräsidenten benannt. Danach kam Lübke, der war eher ein trotteliger Landesvater. Wer wollte von dem schon eine Urkunde haben. Und so nannte man seitdem die Heuss-Urkunde nicht Lübke-Urkunde, sondern Ehrenurkunde. Um die zu kriegen, muss man sich schon ganz schön anstrengen. Nur wenige schaffen das.

Am Ende der Veranstaltung läuft die Lehrerstaffel gegen die beste Jungenstaffel der Schule. Das wird für die Lehrer von Jahr zu Jahr schwerer. Ja, man wird eben nun mal im Laufe der Zeit langsamer, 's is' so, kann man nichts machen, leider. Und die Junglehrer? Die haben keine Lust.

Und bitte allen Müll mitnehmen, sonst kriegt man Ärger mit dem Platzwart, da kennt der keinen Spaß, wirklich nicht. Der lässt doch glatt seine Hunde auf die Schüler los. Na klasse, war doch wieder schön, und so viel hat es auch nicht geregnet.

Der Platzwart ruft nach der Veranstaltung den Schulleiter an, der Sportplatz sei in einem üblen Zustand hinterlassen worden. Wenn der nicht auf der Stelle gereinigt werde, werde er den Platz säubern lassen, auf Kosten der Schule.

GRUND 57

Weil er jedes Jahr das Gleiche unterrichten kann, ohne dass die Schüler es merken

Gemeint ist nicht der Lehrer, der in einer Klassenstufe seit Jahren dieselben Vorlagen benutzt. Auch nicht der, von dem bekannt ist, dass er aus Faulheit immer die gleichen Arbeiten schreiben lässt.

Gemeint ist der Lehrer, der voller Verzweiflung feststellen muss, dass sein Unterrichtsstoff keine Verankerung in den Hirnen seiner Schüler findet. In den ersten Schuljahren geht es ja noch. Die Lernfortschritte sind im Allgemeinen gewaltig. Nähert der Lehrer sich aber der sechsten oder siebten Klassenstufe, nehmen Frust und Selbstzweifel zu. Da fragt er sich von Stunde zu Stunde und von Test zu Test, was er denn für einen Unterricht gibt, von dem nicht behalten wird, was er für behaltenswert hält.

An den Schülern kann es ja nicht liegen. Man soll doch jeden Schüler da abholen, wo er ist. Aber hat er nicht versucht, schön differenzierend, dem gerecht zu werden? Drei Wochen lang wird die Prozentrechnung in den Mittelpunkt des Mathematikunterrichts gestellt. Dann hat der Lehrer das Gefühl: Jetzt haben es alle begriffen. Schnell, damit nur nicht alles verloren geht, wird die entsprechende Arbeit geschrieben. Die fällt schlecht aus. Und die Reaktion – je nach Mentalität des Lehrers – fällt unterschiedlich aus: »Was mach ich bloß für einen Unterricht?« bis »Mein Gott, sind die heutigen Schüler blöd«.

Nun könnte der Lehrer meinen, das sei ein Einzelschicksal von Mathematikern. Da irrt er, denn auch vom Deutschlehrer erhält er Zustimmung. Der Geografiekollege klagt darüber, dass die Schüler Mallorca zur Hauptstadt Spaniens machen. Nur der für Informationstechnologie zuständige Kollege kann sich über seine Schüler nicht beklagen. Die wissen sogar manchmal mehr als er.

Der Lehrer, der in gemeinsamen Arbeitskreisen mit Handel, Industrie und Handwerk sitzt, hört immer wieder die gleiche Frage: »Was machen Sie denn eigentlich im Unterricht? Die Azubis wissen und können ja wirklich gar nichts mehr.« Das hört der Lehrer nicht gern. Das tut ihm nicht gut. Ja, was macht er nur falsch?

Er ist ratlos.

GRUND 58

Weil er alles besser weiß, aber nichts selber kann

Neben den Juristen zählen Lehrer zu der von Vermietern gefürchtetsten Gruppe. Darüber sollte der Lehrer doch einmal nachdenken. Nicht nur, weil das einer erfolgreichen Wohnungssuche nicht gerade förderlich ist. Steht also die Frage im Raum, warum sein Berufsstand bei den Immobilienbesitzern so unbeliebt ist. Schließlich kann er ein sicheres Beamtengehalt vorweisen und Fälle von Wohnnomaden unter Pädagogen sind nicht bekannt.

Am oberlehrerhaften Verhalten kann es auch nicht liegen. Kein Lehrer käme auf die Idee, bei der Wohnungsbesichtigung den Makler oder Vermieter auf seine unangemessene Sprache aufmerksam zu machen. Genauso abwegig fände er es, eine ohnehin nicht vorliegende intellektuelle Überlegenheit offensichtlich zu machen.

Fragt man Vermieter, führen diese auch andere Gründe an. Lehrer fragen immer nach. Sie wollen den Sachen immer auf den Grund gehen. Das nervt. Und hat man ihnen die Wohnung vermietet, erweisen sie sich als durchaus streitbar. Auf Missstände wird penetrant hingewiesen. Heizkosten- und Wasserabrechnungen werden immer infrage gestellt.

Heißt doch aber noch lange nicht, dass der Lehrer alles besser weiß. Stolz sollte er auf diese Eigenschaften sein, denn als guter Pädagoge freut er sich doch, wenn er seine Schüler genau dorthin führen kann: Nicht alles, was gesagt wird, hinzunehmen, ohne über das Gesagte nachzudenken, auch wenn das nervt. Denn das ist dem Lehrer wichtig: Wenn man etwas als ungerecht empfindet, Mund aufmachen. Will er doch den Schüler zum mündigen Staatsbürger erziehen.

»Lehrer wissen alles besser, können selber aber nichts.« Wenn ein Lehrer diese Aussage liest, muss er erkennen, dass er schon wieder etwas besser weiß. Um das beurteilen zu können, müsste er doch wenigstens wissen, was der Lehrer denn können soll. Man erwartet von ihm doch wohl nicht, dass er die Fähigkeiten und Kenntnisse eines Mechatronikers hat. Oder soll er sein Haus selber bauen können? Muss er in der Bundesliga gespielt haben, um die Schüler im Sportunterricht Fußball spielen zu lassen?

In Hamburg weigert sich ein Lehrer, Beamter zu werden. Seine Begründung: »Wie kann ein Lehrer, der unkündbar und materiell lebenslang abgesichert ist, Schüler auf die harte Berufswirklichkeit in der freien Wirtschaft überzeugend vorbereiten?« Sollte man diesen Kollegen einmal fragen, warum er nicht für 700 Euro im Monat unterrichtet, denn nur dann kann er seine Schüler überzeugend auf Hartz IV vorbereiten.

GRUND 59

Weil er an seinem äußeren Erscheinungsbild noch arbeiten kann

Eine bestimmte Art von Lehrern trägt gern legere Kleidung. Das gilt für weibliche und männliche Vertreter dieser Berufsgruppe gleichermaßen. Dagegen ist eigentlich nichts einzuwenden, manche sind nun mal nicht begabt für modische Raffinesse, es interessiert sie einfach nicht, sie sind eben uneitel. Nur wenn derselbe Pullover, dieselben Jeans den Schülern und Kollegen wochenlang präsentiert werden, wird die Sache allmählich grenzwertig. Es machen sich Abnutzungserscheinungen breit, von der Geruchsbelästigung einmal ganz zu schweigen. Chic muss er nicht gekleidet sein, verlangt doch keiner, zweckmäßig sollte seine Kleidung sein, der Situation angepasst, also, wenn man mit dem Rad in die Schule kommt, schon mal die Hosenklammer aus der Hose nehmen, wie sieht denn das sonst aus? Und wenn der Lehrer unbedingt meint, dass er mit einem knallbunten Radfahrerdress in die Schule kommen muss, dann sollte er so viel Zeit einplanen, dass er sich noch umziehen kann. Er macht sich doch zum Gespött der Schüler und was sollen die Kollegen denken?

Der Sportlehrer wäre auch gut beraten, wenn er den Unterricht, der nicht in der Turnhalle stattfindet, nicht in seinem Trainingsanzug hält. Und nicht vergessen, nach dem Besuch der Toilette Reißverschluss wieder schließen. Vorher, Vorsicht! Nicht dass der letzte Tropfen in die Hose geht, wie sieht das denn aus, kommt sehr gut auf einer hellen Hose, führt im Unterricht zu ungeahnten Heiterkeitsattacken. Ein ehrgeiziger Lehrer möchte doch gern selbst das dramaturgische Moment des Humors so einsetzen, dass die Schüler gezielt zum Lachen gebracht werden und nicht zufällig. Also, Fazit: Bevor man Haus oder Toilette verlässt, noch schnell einen Blick in den Spiegel, ob da nicht ein Popel an der Nase klebt und noch ein Stück vom Brötchen im Bart.

Vielleicht sich auch mal Gedanken machen über die Haare, also über die Frisur? Lange Haare bei einem Junglehrer mögen ja ganz charmant aussehen, bei einem Lehrer über fünfzig tritt doch eher das Gefühl ein, hier möchte einer gern noch jugendlich wirken, aber leider, das war mal, und es ist einfach nur peinlich, sieht nur ungepflegt aus, besonders wenn die gescheitelten Haare das Feld der beginnenden Glatze überdecken sollen. Denkt immer noch, dass er in der Bundesliga spielt und hat immer noch nicht mitbekommen, dass er in die Kreisklasse abgestiegen ist. Da kann man sich doch ein Beispiel nehmen an dem Kollegen mit der Vollglatze. Für den sind solche Probleme längst vorbei.

GRUND 60

Weil er auf der Autobahn nicht zu schnell fährt

Das typische Auto des Lehrers gibt es eigentlich nicht. Es ist also ein Klischee, wenn man meint, der Volvo sei wegen seiner Sicherheit und Zuverlässigkeit favorisiert. Was ist mit den Franzosen? Vielleicht ein Citroën? Könnte ja so was wie »savoir vivre«, im Sinne von »Lebensfreude«, aufkommen. Die Leichtigkeit des Seins kann ein normaler Lehrer nicht für sich in Anspruch nehmen, dafür hat er viel zu viel Verantwortung und er steht zu sehr im Fokus der Öffentlichkeit. So was könnte vielleicht noch der Kunsterzieher fahren, aber die anderen doch nicht. Und spätestens im nasskalten Winter wird er feststellen, dass er mit anderen Autos besser bedient ist, sind zwar alle nicht so aufregend, aber eben zuverlässig.

Und so breiten sich auf einem normalen Lehrerparkplatz VW Polo, VW Golf, VW Passat, Ford Fiesta, manchmal ein Opel und ab und zu mal ein Cabrio aus. Porsche geht gar nicht, es sei denn, man will das ganze Kollegium gegen sich haben. Dem Schulleiter wird schon mal ein Mercedes oder BMW erlaubt. Ein Junglehrer ist gut beraten, wenn er seine Unsicherheit nicht mit einem Sportwagen zu überdecken versucht. Das bringt ihm zwar eine gewisse Reputation bei den Schülern ein: »Ey. Aller, kuck ma, das is ja 'n goiler Hobel, Aller!« Bei seinen Kollegen muss er aber mit entschiedener Ablehnung rechnen, und er wird lange brauchen, bis er sich so weit profiliert hat, dass sie ihn halbwegs akzeptieren.

Eine weitere Unmöglichkeit ist es, wenn der noch jugendliche Sportlehrer mit seinem VW Bulli, Baujahr 1969 vorfährt, an dessen Seiten zwei Surfbretter hängen. Was sollen denn die Kinder denken – noch schlimmer: wenn das die Eltern sehen. Da wird doch dem Vorurteil »Lehrer tun nichts!« Vorschub geleistet. Geht doch gar nicht. Aber den wird sich das Kollegium auch noch richtig hinbügeln. Nur eine Frage der Zeit.

Nein, nein, der Lehrer tendiert zum Wagen, der mehr Sein als Schein ist. Ein VW Golf Diesel, das wäre schon was. Mit dem kann man richtig beschleunigen, wenn es denn nötig ist, und er kann Diesel tanken, spart einiges. Und das ist immer im Sinne des Lehrers. Er braucht keine Rasereien mit anderen Autos auf der Autobahn. Da hält er sich lieber zurück und beachtet auch die Geschwindigkeitsbegrenzungen. Nur wenn er mal wieder in Gedanken bei der Schule ist, kann es ihm passieren, dass er ein solches Schild übersieht. Dann kann es sein, dass er in eine Radarfalle tappt, dann sind zwei Punkte in Flensburg fällig. Da nützt auch ein schriftlicher Protest nichts. Das ärgert ihn maßlos.

Alle reden von der Schule,
aber keiner tut was dagegen.

KAPITEL 9

Der Lehrer
ganz privat

GRUND 61

Weil er gern Zeitung liest

Die Tageszeitung ist für einen Lehrer unverzichtbar. Er muss ja schließlich wissen, was in der Welt so passiert; möglichst noch eine zweite Zeitung und den *Spiegel*, die *Zeit* und den *Stern* dazu. Das ist er seinen Schülern schuldig. Die könnten mal eine Frage zur aktuellen Lage stellen und er könnte dann keine passende Antwort geben, das wäre ja zu peinlich. Nicht auszudenken.

Er ist aber auch ein Besserwisser, ein Korinthenkacker, der quasi mit dem Rotstift in der Hand Fehler feststellen muss. Besonders schön findet er es, wenn er Ausdrucksmängel erkennt. Also eine Kringellinie unter das Wort oder unter den ganzen Satz setzen und an den Rand »A!« schreiben oder einen Vermerk: »Das ist unverständlich! Deutlicher ausdrücken!«

Insofern sind für ihn auch die Familienanzeigen, insbesondere die Todesanzeigen, ein Quell der Erbauung, zum einen, weil er am Geburtsdatum des Verstorbenen erkennen kann, dass derjenige ein ordentliches Stück älter geworden ist, als er es selbst heute ist. Das beruhigt ihn. Wenn ein Verstorbener noch nicht sein Alter erreicht hat, so tut sich eine gewisse Genugtuung auf. »Ach, guck mal, den habe ich schon überlebt.« Aber fast gleichzeitig erinnert ihn das auch an seine eigene Vergänglichkeit.

Schön findet er auch die mehr oder weniger geglückten Sinnsprüche, die wohl den Verstorbenen noch einmal würdigen sollen. So kriegt Nils Suurbier mit auf den Weg: »Zwei Hände und ein Herz haben aufgehört zu schlagen.« Da muss man schon mal länger drüber nachdenken.

Was der Mann wohl mal im früheren Leben war? Vielleicht Boxer, ein erfolgreicher Golfer oder ein Töpfer. An die Möglichkeit, dass es sich bei dem Verstorbenen um einen Lehrer handeln könnte, wagt er gar nicht zu denken.

Am Ende gibt es noch einen weiteren Spruch zum Nachdenken: »There is no rewind button for life«. Wie wahr. Und dann freut er sich auf das Kreuzworträtsel und das Sudoku, das heute besonders schwer sein soll. Soll ja den Geist trainieren. Na, mal sehen.

GRUND 62

Weil er gern »Wer wird Millionär?« mit Günther Jauch guckt

Lehrer sind in der Gesellschaft als Besserwisser verschrien. Aber soll er denn den Mund halten, wenn er wirklich etwas besser weiß?

Ja, ja, was so ein Lehrer alles drauf hat, unglaublich. Er könnte sogar auf folgende Frage antworten: Wer hat das erste und einzige Tor gegen die Schweiz bei dem ersten Länderspiel der deutschen Fußball-Nationalmannschaft nach dem Zweiten Weltkrieg am 22.11.1950 im Stuttgarter Neckarstadion geschossen?

A: Fritz Walter

B: Uwe Seeler

C: Herbert Burdenski

D: Helmut Rahn

Da könnte er mal so richtig den Günther Jauch auflaufen lassen. Erst mal so tun, als wenn man das nicht weiß, überlegen, ob man da vielleicht einen Joker für opfern will. Und wenn Jauch versucht, einen unsicher zu machen, dann ganz cool bleiben. Schließlich ist man ja Lehrer, da hat man schon ganz andere Klippen umschifft. Nach einigem Zögern langsam mit der Lösung rauskommen. Und dann, damit das nicht so arrogant wirkt, seine Zweifel äußern. Er weiß es eben nicht genau. Es könnte Herbert Burdenski gewesen sein, dessen Sohn Dieter später bei Werder Bremen ein erfolgreicher Torwart war. Das noch mal so einfließen lassen, damit er auch wirklich andachtsvoll angestaunt wird.

Ja, so was könnte man ihn fragen. Da könnte er dann glänzen und die Leute würden sagen: »Meine Güte ist der Mensch klug, das kann ja wohl nur ein Lehrer sein. Aber mit was für einem Quatsch der sich belastet. Na ja, die haben ja nicht viel zu tun, die Lehrer. Die müssen sehen, wie sie den Tag herumbringen.« Als Lehrer weiß man aber damit umzugehen und weiß, dass das alles nur Neid ist – eine Todsünde. Das sagt ein Lehrer aber nicht öffentlich. Er will ja nicht schon wieder als Besserwisser betitelt werden.

Bei den aktuelleren Fragen würde er aber wohl Probleme kriegen. Welcher Song denn nicht von Lady Gaga sei?

A: Dance in the Dark

B: Just Dance

C: Paparazzi

D: Someone Like You

Was weiß er denn, aber da meldet sich schon wieder sein Lehrerherz, schließlich muss er doch wissen, was seine Schüler so beschäftigt. Nachher sagen die noch, man sei ein Gruftie, der keine Peilung hat vom Leben. Das könnte er nicht ertragen. Also, nichts anmerken lassen. Einfach raten, vielleicht hat er ja Glück.

GRUND 63

Weil er sich im Supermarkt nicht von Werbung beeindrucken und sich auch sonst nichts gefallen lässt

Im Supermarkt um die Ecke kauft der Lehrer gerne ein, und er freut sich, wenn mal wieder eine besondere Aktion stattfindet, wie in der letzten Woche die »Kanadische Woche«. Schon an der Eingangstür hängt ein Panoramalandschaftsbild von Kanada, das so aussieht wie die Schweizer Alpen. Ein Mann baut davor eine Landschaft aus

Kunststoff auf. Eine Frau fragt ihn, ob das der Großglockner sei. Da hätte sie ihren letzten Urlaub verbracht und es sei da so schön gewesen. Ja, da könne er leider nicht mit dienen, das ist hier nun mal die kanadische Bergwelt. Unter einem grünen Veloursteppich versteckt läuft ein Plastikschlauch, aus dem unentwegt Wasser sprudelt, der wohl einen Bergquell vortäuschen soll, daneben blickt eine Indianerpuppe mit großen dunklen Augen auf das Schauspiel. Groß karierte Jacken sind im Angebot. Aber ein Lehrer lässt sich von solchen Aktionen nicht wirklich beeindrucken. Die Absicht ist einfach zu leicht zu durchschauen. Und so steuert er mit seinem Einkaufswagen durch das Labyrinth der Wege und widersteht den Versuchungen des Konsums ohne Probleme: Blaubeeren aus der Dose, extra eingeflogen von »Canadian Airlines International«, und gefriergetrocknete Maiskolben. In der Fleischabteilung trägt die Verkäuferin eine rote Schürze mit einem weißen Ahorn darauf. Und ein Rezept liegt aus, wie man »kanadische Spareribs« macht, als Sonderangebot gibt es kanadische Holzfällersteaks. Nein, danke, das möchte ein Lehrer nicht, er möchte nur ein Stück deutsche Leberwurst. Das Stück wird in rotes Packpapier mit einem weißen Ahornblatt gewickelt, das die Verkäuferin wiederum in eine durchsichtige Plastiktüte steckt. So was macht einen Lehrer ganz wuschig, denn er möchte seine Ware ohne Plastiktüte, die müsse er ja schließlich auch mitbezahlen. Die Verkäuferin meint, dass er die Tüte nicht mitbezahlen müsse, denn der Preis sei so oder so der gleiche.

Manchmal ist es für einen Lehrer ganz schön hart, nicht verstanden zu werden. So geht er ganz einsam und unverstanden zum Ausgang. Die ältere Kassiererin trägt eine weiß-rote Truckerkappe auf ihrer Dauerwelle. Sie hat wohl schon Schlimmeres in ihrem Leben mitgemacht.

GRUND 64

Weil er ein Mittagsschläfchen halten kann

Wenn irgendwie möglich, verzichtet der Lehrer ungern auf seinen Mittagsschlaf. Den hält er immer am liebsten gleich nach dem Essen. Dann ist der Blutkreislauf bereits zur Ruhe gekommen und der Körper braucht sich nur noch dazuzulegen. Und so taucht er schnell ins Unterbewusste ab und träumt, dass er mit seinem Fahrrad von zu Hause losfährt. Davon hat er aber seiner Frau nichts erzählt. Unterwegs regnet es. In einer kleinen Stadt stellt er sich unter. In einer Kneipe neben einer alten Kirche tritt eine berühmte Countryband auf, deren Namen er aber nicht kennt. Mit der Band treten sein bester Freund und seine Frau auf. Sie tanzen Squaredance dazu und singen im Chor mit. Das kommt sehr gut an. Er fragt sie nach der Vorstellung, was sie denn an dem Auftritt verdienen. Nichts, das würden sie nur zum Spaß machen. Er wird eingeladen, zu ihnen nach Hause zu kommen. Dort zeigt sein Freund ihm seine veröffentlichten Cowboyromane. Alle haben ein gezeichnetes buntes Titelbild. Kaffee und Kuchen gibt es. Danach will er ihm noch etwas Aufregendes in seinem Garten zeigen. Er streut kleine Erbsen aus. Und dann soll er man aufpassen, was jetzt passiert. Dabei grinst er. Plötzlich kommen Tausende winzige Vögel angeflogen. Die setzen sich auf den Boden und rufen: »Papa, Papa!« Dann fangen sie an zu picken. Daraufhin setzt er sich auf sein Fahrrad und fährt mit schlechtem Gewissen zur Uni und sucht nach seinen Professoren, die ihn gar nicht kennen. Wie soll er da jemals die Prüfung bestehen. Dann will plötzlich ein Schüler aus seinem Lieblingsbuch vorlesen. Plötzlich steht der Schulrat mit vorwurfsvollem Blick vor dem Lehrer. Der Schulrat fragt ihn: »Was glauben Sie, was das größere Problem in der heutigen Gesellschaft ist: mangelndes Wissen oder Desinteresse?«

»Weiß ich nicht. Ist mir auch egal«, sagt der Lehrer.

Als der Lehrer aus seinem Schlaf hochschreckt, sind zwanzig Minuten vergangen, mehr braucht er nicht, um dann frischen Mutes die anstehenden pädagogischen Probleme mit neuem Elan anzugehen.

Wieder einmal ist der Beweis erbracht. Der Lehrer ist immer im Dienst, sogar im Schlaf.

GRUND 65

Weil er sich auf die Ferien freuen kann

Nach der Danksagung des Schulleiters für die im letzten Jahr unter besonders schwierigen Bedingungen geleistete Arbeit sitzen die Lehrer am letzten Tag des Schuljahres noch ein bisschen zusammen, in Gedanken schon auf Mallorca, in Brasilien oder Plön. Der Personalrat stellt Sekt auf den Tisch. Wieder ein Jahr abgehakt. Die Kollegen aus der Grundschule sind mit Blumensträußen, Pralinen, Dankesbriefen und Fotos von ihren Klassen bedacht worden. Eine Lehrerin zeigt stolz den Brief von Eltern, die sich für vier Jahre Mathematikunterricht bedanken. In diesen Jahren ist ihrem Sohn mathematisches Verständnis vermittelt worden. Er hat mit Freude gelernt. Das hat er der Lehrerin zu verdanken. Und dann auch noch mit freundlichen Grüßen, die Familie.

Die Danksagungen an einen Hauptschullehrer sehen da etwas spröder aus. Mit anderen Worten, sie finden gar nicht statt, was ja den Vorteil hat, dass man sich bei keinem bedanken muss. Klassenfotos von Entlassschülern müssen nicht mit schlechtem Gewissen nach einem Jahr entsorgt werden, auch Blumen bleiben einem erspart, Danksagungsbriefe sowieso. Aber irgendwie ist er doch ein bisschen neidisch, wo er sich doch so für seine Geister eingesetzt hat. Undankbares Volk! Nicht mal zur Entlassfeier der zehnten Klasse bei den Eltern von Matthias ist er eingeladen worden. Andererseits muss er dafür nicht miterleben, wie Sven in die Badewanne kotzt, Matthias in den Blumentopf pinkelt oder Mareike und Klaus ihre Emanzipation dadurch beweisen müssen, dass sie direkt vor dem Klo bumsen wollen. Und der unter Alkoholeinfluss entstandene Mut des einen oder anderen Schülers, sich von nun an mit dem Lehrer duzen zu wollen, treibt ihm allein bei der Vorstellung schon den Schweiß auf die Stirn.

Mit bedeutungsschwangerem Blick gibt der Schulleiter dem Lehrer zu verstehen, dass noch etwas zu besprechen sei. Er solle doch bitte mal in das Büro kommen. Er überlegt: vierzigjähriges Dienstjubiläum war gerade erst, frühzeitige Entlassung steht nicht an und eine außerplanmäßige Beförderung, Gehaltserhöhung oder gar Versetzung an eine andere Schule für besondere Verdienste kann er sich auch nicht vorstellen. Jenseits der sechzig tun sich keine Überraschungen mehr auf, es sei denn, sie sind negativ. Was ist also los?

Der Lehrer hat endlich auch mal einen Brief gekriegt, einen Brief vom Schulamt mit Eingangsstempel und Unterschrift des Schul-rates, mit der Bitte, schriftlich Stellung zu nehmen. Es geht um eine Dienstaufsichtsbeschwerde von Frau Senkblei-Ueblkre, Diplom-pädagogin, zur Zeit nicht im Dienst, Mutter von Monique aus der letzten zehnten Klasse. Monique hat den qualifizierten Abschluss nicht erreicht. Vorwurf: Er habe das Klassenbuch gefälscht, nein, so steht es nicht da. Das ist gestrichen und dafür steht handschriftlich: »Falscheintragung ins Klassenbuch.« Er geht davon aus, dass bei der Beschwerde nicht das Klassenbuch, sondern wohl der Lehrbericht gemeint sei. So liest er noch einmal Stunde für Stunde, was so im Jahr gelaufen ist. Meine Güte, was hat er nicht alles gemacht, sogar neuere Methoden fanden ihren Widerhall. Einmal hat er »Lernen an Stationen« eingetragen. Und dann wird ihm plötzlich klar: Das ist die Falscheintragung. Er hätte schreiben müssen: »Lärmen an Stationen«.

Da geht der Lehrer doch so richtig frohen Herzens in die Ferien.

GRUND 66

Weil er nachmittags zum Einkaufen
in die Stadt fahren kann

Als Lehrer kann er in der Woche nachmittags mal mit seiner Frau in die Stadt fahren und durch die Geschäfte bummeln. So mal ganz und gar die Schule vergessen. Das tut doch auch ganz gut. Sich an die Alster setzen, den Leuten zusehen. Einen Cappuccino trinken. Wer kann das sich sonst noch leisten, wunderbar. Das heißt aber nicht, dass an so einem Tag alles stressfrei abläuft.

Seine Frau hat sich extra ihre Lieblingsschuhe angezogen, die sind so schön bequem und aus einem schicken Schuhgeschäft in Hamburg. Die sind schon ein paar Jahre alt, aber ganz wunderbar zeitlos schick. Sie haben eine dicke Sohle und einen dicken Absatz. Das Material ist aus Kunststoff. Ist doch genau das Richtige für die nun beginnende kalte Jahreszeit. Na bitte, gegen Kälte und Nässe kann man sich schützen. Mit solchen Schuhen kann man doch wunderbar Einkäufe machen.

Mit dem Zug nach Hamburg, dann Spitaler Straße Richtung »Europa Passage«. Ja und plötzlich, irgendwie ist da was, geht sich so komisch, ist so schwammig, als wenn der Boden unter einem nachgibt. Das liegt aber nur am rechten Hacken des Schuhs. Nach weiteren hundert Metern fällt er ab. Aus dem Inneren des Absatzes rieselt es schwarz heraus. Stelzschrittig geht sie weiter. Wäre ja noch schöner, wenn solch eine Lappalie einen von den wichtigen Einkäufen abhalten würde. Nach ein paar weiteren Schritten bricht die rechte Sohle des Schuhs, sodass der Fuß fast Bodenberührung bekommt. Noch trockenen Fußes erreicht sie das Einkaufsparadies. Dort spielt sich das Gleiche mit dem linken Schuh ab: Zuerst bricht der Absatz ab, dann löst sich die Sohle auf. Sie würde jetzt keinen Schritt mehr machen und will sofort nach Hause, Einkäufe können schließlich auch mal warten. Sie will wieder raus aus dem Laden, direkt bitte zum Hauptbahnhof, sofort wieder nach Hause. Der eine oder andere Besucher im Einkaufszentrum guckt schon leicht irritiert. Wird wohl denken, dass einige Leute es immer darauf anlegen, auf sich aufmerksam zu machen. Den Vorschlag, in den nächsten Schuhladen zu gehen, es gäbe da Angebote, weist sie von sich. Sie hätte gerade zwei Paar neue Schuhe und jetzt gar keine Lust, irgendwas einzukaufen, sie wolle einfach nur schnell nach Hause und deshalb zwei Plastiktüten aus dem Drogerieladen holen. Was sie denn damit will. Na, die würde sie über die Schuhe ziehen, wenn es von unten nass wird. Sie hätte das Gefühl, jeden Moment auf Socken durch die Pfützen gehen zu müssen. Trippelschrittig wird der Zug erreicht, schleichend das Zuhause. Die Socken sind leicht feucht, Waden und Oberschenkel verspannt, aber Pakete waren nicht zu schleppen. Auch schön!

Und so ist er doch ganz froh, wenn er am nächsten Tag wieder in das Chaos der Schule eintauchen kann.

GRUND 67

Weil er eine soziale Verantwortung in sich spürt

Nicht nur seinen Schülern gegenüber fühlt der Lehrer sich verantwortlich, nein, auch seiner näheren Verwandtschaft. So ist die hochbetagte Mutter zu versorgen. Das ist ihm ein Herzensbedürfnis und nicht nur, weil er das muss, sondern weil er das will. Sie mal aus dem Pflegeheim »Abendrot« abholen und für drei Wochen nach Sylt fahren. So ganz allein, mal über alte Zeiten reden und philosophische Gespräche führen. Wie es denn so kommt, ganz, ganz locker.

Nur leider ist er dann doch nicht so über ihren Verfall orientiert, körperlich geht es ja noch, aber geistig ist sie doch stark beeinträchtigt. Das muss sich selbst ein Lehrer eingestehen. So war sie zum Beispiel der Meinung, dass auch ihre Katze nun in Sylt mit dabei sei, und jede Stunde sollte nun die Tür geöffnet werden, um dem Tier Einlass zu gewähren. Dabei ist das Tier in einem Tierheim untergebracht – und weitab in Pflege. Auch einen Elefanten hat sie im Vorgarten des Hotels ausgemacht – woraufhin sie ihren Sohn darum bitten musste, bei »Hagenbeck« anzurufen, um diesen bitte schön wieder zu entfernen.

Aber über ihr Ableben hat sie sich doch ganz vernünftige Gedanken gemacht. »Erdbestattung oder Urne«, das ist hier die Frage. Und welchen Pastor muss man denn anrufen, wenn es so weit ist? Kann man auch den Pastor nehmen, der immer mit seiner Klampfe bei den Geburtstagen im Pflegeheim aufläuft? Sie möchte ja zu gerne bei ihrem Mann in Dithmarschen begraben sein. Aber die lange Autofahrt, das wird doch bestimmt sehr teuer werden. Da ist es doch von den Kosten her besser, sich vorher verbrennen zu lassen. Die Kosten für eine Urnenüberführung wären dann wohl nicht so hoch.

Aber wer soll das Grab pflegen? Damit will sie niemanden belasten. Und die Katze? Das ist ihr größter Wunsch, dass sie bei ihr begraben liegt. Und wenn sie schon mal so nett beisammen sind, könnten sie doch mal in Westerland über den Friedhof gehen. Da zeigt sie ihm mal, welche Grabsteine sie schön findet. Manche vermoosen ja auch so schnell, aber es gibt dafür Spezialreinigungsmittel. Ja, Geduld, das ist es wohl, um über die Runden zu kommen. Und sie müssen ja nicht die ganzen drei Wochen hier auf Sylt bleiben.

GRUND 68

Weil er auch nachmittags ins Kino gehen kann

Ein Lehrer kann es sich erlauben, nachmittags ins Kino zu gehen. Dann hat er den Blick frei zur Leinwand, keine hochtoupierte Frisur sitzt vor ihm und er muss sich nicht an dickbäuchigen, nach Schweiß riechenden Menschen vorbeidrücken. Er kann den Schülern zusehen, wie sie sich in ihrer Freizeit verhalten. Kino macht ihn einfach glücklich, nicht nur die Schüler.

Das Kinobesuchsverhalten der Leute hat sich nach seinen Erfahrungen gewaltig geändert. Heute geht man ins Cinemaxx-Center. Dolby-Surround-System, erzeugt idealen Hörgenuss, besonders für einen Lehrer, der über die Jahre berufsbedingt erhebliche Defizite im Hörverstehen hat. Er lässt sich in einen Sessel fallen, der auch noch genügend Platz nach vorn für die Beine lässt. Die Aneinanderreihung der Vorfilme gehört unbedingt zu einem gelungenen Filmerlebnis dazu, denn sie transportieren Lust auf das nächste Filmereignis, demnächst im Cinemaxx-Center. In der nach der Werbung eintretenden Pause geht das Licht wieder an. Noch einmal Zeit, vorwiegend für die Schüler, den Saal zu verlassen, um sich mit einem Kilo Popcorn und einem Liter Cola zu versorgen, Kostenpunkt 10 Euro.

Der Hauptfilm beginnt nun endlich, James Bond auf der Suche nach den bösen Menschen, die ausgeschaltet werden müssen, zur Not auch tödlich. Dann ist ein glückliches Lächeln auf dem Gesicht des Lehrers zu beobachten, wenn man es bei der Dunkelheit des Raumes sehen könnte. Er überlegt zu Anfang, wem er seine Sympathie für zwei Stunden schenken kann. Bei James Bond ist das klar, aber was ist mit den Nebendarstellern? Sind sie wirklich die Bösen, wie es zu Anfang aussieht, oder hat man sich einfach nur hinters Licht führen lassen, und was ist mit den vermeintlich Bösen, die sich am Ende als Helden entpuppen? Gut, der richtig Böse ist

140

für jeden zu erkennen, der verhält sich so abgrundtief schurkisch, dass James Bond vom Zuschauer die Erlaubnis erhält, ihn am Ende umzubringen und das möglichst auf grausame Art.

Da der Lehrer ein vernunftgesteuertes Wesen ist, jedenfalls meistens, kann er sich im Kino eine emotionale Auszeit leisten. Er kann seine Ratio quasi an der Garderobe abgeben und darf sich dem emotionalen Chaos hingeben. Herrlich!

Da dem Konsum nach eineinhalb Stunden wiederum Platz gegeben werden muss, wird der Film an der spannendsten Stelle unterbrochen. Nun hat er eine Viertelstunde Zeit, sich abermals mit Popcorn und Cola zu versorgen. Nachdem der Raum sich wieder verdunkelt hat, kann er sich aufs Neue seiner Realität entziehen. Wer führt schon ein Leben, dass annäherungsweise mit dem von James Bond vergleichbar wäre. Nicht einmal ein Lehrer kann das von sich behaupten.

Im Kino versagt eben die Vernunft, das Gefühl behält die Oberhand und das ist gut so, denkt sich der Lehrer. Auf dem Weg nach Hause bei Schnee, Regen und Wind holt ihn die Realität sowieso schnell wieder ein. James Bond hat seine Schuldigkeit getan.

GRUND 69

Weil er sich nicht immer mit seiner Lebensgefährtin am Frühstückstisch über Schule unterhält

Das Wochenende beginnt für einen Lehrer mit dem Zeitungslesen. Mal sehen, was sich so in der Welt getan hat. Danach wendet er sich wieder seinem täglichen Kreuzworträtsel zu, wo ihm zum Wort »Höhepunkt« mit vier Buchstaben nichts einfällt. Und so fragt er seine Frau.

»Höhepunkt?« Sie muss lachen. » Hast du nicht ein paar Buchstaben?«

»Ja. Erster nichts, dann LO, dann wieder nichts.«

»Vielleicht ›PLOT‹?«

»Nicht schlecht. Nein, das geht doch nicht. Denn dann müsste es einen musikalischen Halbton geben, der ›PIS‹ heißt. Und die ägyptische Stadt am Nil kann auch nicht ›ASSTAN‹ sein, wohl eher ›ASSUAN‹. Das T muss falsch sein. Da kommt ein U hin. Also, dann kann die Lösung bei ›Höhepunkt‹ nicht ›PLOT‹, sondern nur ›CLOU‹ sein, und dann ist auch der musikalische Halbton nicht ›PIS‹, sondern ›CIS‹.«

Mit »CIS« ist sie einverstanden, aber »CLOU«? »Das ist doch ein Film mit Robert Redford.« Seine Frau hat weiteres Sprechbedürfnis. »Sag mal, wie heißt der Moderator von dieser Tanzsendung gestern Abend?«

»Keine Ahnung!«

»Ich mein jetzt die Sendung. Wie heißt die?«

»Keine Ahnung!«

»Ich red jetzt nicht weiter, bis mir das einfällt!«

Der Lehrer denkt, das sollte man ausnutzen, und schweigt.

»Der Typ hat doch auch das Dschungelbuch gemacht.«

»Das hat Rudyard Kipling geschrieben. Das weiß ich genau.«

»Quatsch! Nicht Dschungelbuch, dieses Ding im Dschungel mit dem Mann in Frauenkleidern. Also, wie heißt der?«

»Das ist doch der aus Hamburg. – Olivia Jones.«

»Das will ich doch gar nicht wissen.«

»Was willst du denn wissen?«

»Keine Ahnung. Ich hab's vergessen.«

GRUND 70

Weil er mit großer Wahrscheinlichkeit einen Lebenspartner in Lehrerkreisen finden wird

In der Phase des studierenden Lehramtsanwärters kann es sein, dass der Mensch nur bedingt darauf aus ist, einen Partner fürs Leben zu finden, er ist schon damit zufrieden, wenn er jemanden für den Tag oder – wenn es hoch kommt – für die Nacht hat. Das ändert sich schlagartig, wenn der Student die Seiten wechselt, also vom Studentenleben in die bürgerliche Welt übergeht. Er muss sich der zweiten Ausbildungsphase stellen, die ihn in die Wirklichkeit des Lebens bringt, in die Schulwirklichkeit. Nun muss er eigenverantwortlichen Unterricht machen, ist Klassenlehrer, kleine Unterrichtsvorbereitungen, große Unterrichtsvorbereitungen, Hausarbeit schreiben, Klassenarbeiten korrigieren, Pausenaufsichten, Frühaufsichten, Elternabende, Elterngespräche, Lehrerkonferenzen, an der Seminarausbildung durch das Lehrerausbildungsinstitut teilnehmen, Fahrten dorthin. Wäre gut, wenn man einen eigenen Wagen hätte. Jetzt bleibt keine Zeit mehr für entspanntes Rumhängen in Studentenkneipen. Ja, da wäre es schon sehr schön, wenn man etwas für die Seele hätte, eine Wärmflasche mit Ohren, die einem hilft, durch die Nacht zu kommen. Eine Beziehung muss her, so geht das nicht weiter.

Da bietet es sich doch förmlich an, sich mit einer Lehramtsanwärterin zusammenzutun, die in der gleichen Situation steckt wie er selbst. Man könnte doch zum nächsten Seminartreffen gemeinsam fahren, allein schon wegen der Umwelt, ist doch nicht nötig, dass jeder mit seinem Wagen fährt. Blöde Anmachtexte kann man sich auch sparen, man sitzt doch im gleichen Boot. Gibt doch genug Themen, die sich durch den Beruf ergeben. Im Team die Unterrichtsvorbereitungen entwerfen, das erleichtert die Arbeit. Oder sich mal am Wochenende treffen und sich über Schulprobleme unterhalten. Und dann feststellen, oh, Mann, nun ist es aber spät geworden, man könnte doch hier auf der Couch schlafen. Nein? Oder? Doch?

Oder man könnte erzählen, dass man bereits die Schwimmlehrbefähigung besitzt, ausgebildeter Schwimmlehrer ist. Das ist doch schon mal was. Wie wäre es also, wenn man mal an den Strand nach Strande führe und sich einen Strandkorb nähme. Das Wetter ist gerade so schön, das wäre doch mal was. Nein? Oder? Doch?

An den FKK-Strand mit einer sehr fragilen gerade erst beginnenden Beziehung sollte man zuerst wohl noch nicht fahren, aber der normale Badestrand, dagegen kann man doch nichts haben. Wenn man es dahin geschafft hat, nach Strande an den Strand zu kommen, kann man sich ja mal anbieten, eine Ölung vorzunehmen, Lichtschutzfaktor 12, den Rücken behandeln. Die Sonne scheint aber auch zu kräftig, das Ozonloch und so, das, das ist doch alles sehr gefährlich. Dagegen muss man doch was tun. Nein? Oder? Doch?

Am Ende muss man wieder einmal feststellen, dass Mann und Frau nicht Freunde sein können, ihnen kommt ständig die Leidenschaft dazwischen. Und so wird ihnen auf dem Strandtuch am Strand von Strande im Strandkorb klar, dass man es doch einfach mal ausprobieren sollte. Ja, so eine Lehrerbeziehung, die hat doch was, kann fürs Leben halten.

Okay, er ist kein Überflieger, kohlemäßig sind seine Möglichkeiten eher begrenzt, seine intellektuellen Möglichkeiten ebenfalls. Er ist nun mal kein Brad Pitt und sie keine Angelina Jolie, kein Jean-Paul Sartre, keine Simone de Beauvoir. Das wissen beide. Und so einigen sich zwei Seelen, sich die nächsten Jahre miteinander einzurichten. Hilft enorm, um den Alltag zu bewältigen. Was später kommt, man weiß es nicht, mal abwarten.

GRUND 71

Weil er gern Bücher über
Schule, Schüler und Lehrer liest

1. »DER VATER EINES MÖRDERS.
EINE SCHULGESCHICHTE«, ALFRED ANDERSCH

Franz Kien ist 14 Jahre alt, faul, nachdenklich und kann Menschen
gut einschätzen. Der Schulleiter Himmler demütigt ihn. Er freundet
sich mit dessen Sohn Heinrich an, den er sympathisch findet, aber
dessen antisemitische Ansichten er ablehnt. Ein sehr bewegendes
Buch.

2. »UNSER HERR BÖCKELMANN«, WALTER KEMPOWSKI

Herr Böckelmann ist ein schrulliger Dorfschullehrer, der an einer
Schule lehrt, die es heute nicht mehr gibt. Die Texte in den Lesebü-
chern gefallen ihm nicht. Deshalb macht er sich eigene. Fernsehen
lehnt er ab, und ab und zu macht er mal einen Kardinal-Faulhaber-
Tag und wenn die Kinder reden, dann sagt er: »Nun, meine Herren,
soll ich ihnen ein Skatblatt bringen und vielleicht ein Bier? « Zu den
Mädchen sagt er: »Ich bring euch gleich 'ne Tasse Kaffee.« Herr
Böckelmann mag nicht, wenn die Kinder reden. »Ihr mögt es ja
auch viel lieber, wenn es still ist in der Klasse.« Lesenswert.

3. »SCHWEIGEMINUTE«, SIEGFRIED LENZ

Lenz berichtet von der Affäre eines 18-jährigen Schülers zu seiner
sehr viel älteren Englischlehrerin. Als der Schüler eine gemeinsame
Zukunft plant, verunglückt die Lehrerin. Es bleibt eine unerfüllte

Liebe, die bereits vorbei ist, bevor sie beginnt. Sehr anrührend geschrieben.

4. »TAG UND NACHT UND AUCH IM SOMMER«, FRANK MCCOURT

Frank McCourt hat dreißig Jahre lang an einer Highschool in den USA unterrichtet. Er berichtet von seinen Niederlagen als Lehrer, aber auch von seinen Erfolgen, kurzweilig und amüsant.

5. »UNTERM RAD«, HERMANN HESSE

Hans Griebenrath wird von seinem Rektor und von seinem Vater von den anderen Schülern ferngehalten. Er soll nicht unter schlechten Einfluss kommen. Er kriegt Extra-Unterricht. Er ist dabei so erfolgreich, dass er eine Klosterschule besuchen darf. Seine Umwelt drängt ihn, noch bessere Leistungen zu bringen. Nur ein einfacher Schuster rät ihm zu Luft und Bewegung. An der Schule kommt er immer mehr unter Druck. Er verlässt die Schule und beginnt eine Schlosserlehre. Am Ende ertrinkt er in einem Fluss, an dem er schöne Stunden erlebt hat. Ob es ein Unfall oder Selbstmord war, bleibt am Ende offen. Ein Klassiker.

6. »HEILE WELT«, WALTER KEMPOWSKI

Kempowskis heile Welt spielt in den Sechzigerjahren des letzten Jahrhunderts. Er berichtet von einem Junglehrer, der seine erste Stelle auf dem Land in Niedersachsen antritt. »Räken, dat ist wichtig, all dat annere is doch blot Speelkram«, und dann vielleicht noch Respekt und Ordnung vermitteln. Bald merkt er jedoch, dass in dem Dorf hinter der schönen Fassade einiges im Argen liegt. Lesenswert.

7. »DER ERSTE LEHRER«, TSCHINGIS AITMATOW

Der Lehrer, von dem berichtet wird, kann selbst kaum lesen oder schreiben. Er besitzt aber das Wichtigste, was ein Lehrer braucht, die liebevolle Zuwendung zu seinem Schüler. Anrührend.

8. »DAFÜR HAST DU ALSO ZEIT! WENN LEHRER ZU VIEL SPASS HABEN«, GABRIELE FRYDRYCH

In kurzen Episoden erzählt Gabriele Frydrych aus ihrem Schulalltag. Sie weiß, wovon sie spricht, denn sie ist Lehrerin an einer Berliner Gesamtschule. Das alles ist meistens saukomisch, manchmal bleibt einem aber auch das Lachen im Hals stecken. Unbedingt lesen.

9. »DER FÄNGER IM ROGGEN«, JEROME DAVID SALINGER

Das Buch über Holden Caulfield, dem Schulverweigerer, der drei Tage ziellos durch New York streift, mag man ja eigentlich gar nicht mehr empfehlen, weil es wohl jeder kennt. Wer es aber lange nicht mehr gelesen hat, sollte es mal wieder tun. Klassiker.

10. »CHILL MAL, FRAU FREITAG«, FRAU FREITAG

Frau Freitag berichtet von ihrem schulischen Alltag. Sie unterrichtet in einer leistungsschwachen 9. Klasse einer Großstadt und erlebt verrückte, komische und anrührende Dinge.

11. »LEHRERKIND. LEBENSLÄNGLICH PAUSENHOF«, BASTIAN BIELENDORFER

Saukomische Erlebnisse eines Schülers, die zeigen, wie schwer es doch ein Wesen hat, das Lehrer als Eltern hat. Das alles ist kurzweilig erzählt.

GRUND 72

Weil er gern Lieder
über Schule, Schüler und Lehrer hört

1. »SCHOOL DAYS« VON CHUCK BERRY

Up in the morning and out to school
The teacher is teaching the golden rule

2. »MEINE DEUTSCHLEHRERIN« VON DEN WISE GUYS

Sie war die erste große Liebe, die Liebe meines Lebens.
Doch ich kam zu spät, denn sie war leider schon vergeben.
Eines Tages ist sie mit dem Mathelehrer durchgebrannt.
Diesen Typen hasse ich dafür zu hundertzehn Prozent!
Aber ihr lieb ich noch immer …

3. »DER LEHRER« VON JÜRGEN VON DER LIPPE

Wer kriegt zum Geburtstag Bücherstützen,
oder Bücher mit Lehrerwitzen?
Der Lehrer! Der Lehrer! (…)
Wer arbeitet vierundzwanzig Stunden am Tag,
und wenn das nicht reicht, noch die ganze Nacht?
Der Lehrer! Der Lehrer!

4. »SURFIN' USA« VON DEN BEACH BOYS

Tell the teacher, we are surfin', surfin' USA

5. »TEACHER I NEED YOU« VON ELTON JOHN

I was sitting in the classroom, trying to look intelligent

6. »TEACHERS« VON LEONARD COHEN

Oh teachers are my lessons done? I cannot do another one.

7. »WHEN I KISSED THE TEACHER« VON ABBA

My whole class went wild (…) when I kissed the teacher.

8. »SCHOOLDAYS« VON DEN KINKS

*Schooldays were the happiest days of your life
But we never appreciate the good times we have.*

9. »SCHOOL'S OUT! » VON ALICE COOPER

*School's out for summer
School's out forever.*

10. »WE DON'T NEED NO EDUCATION« VON PINK FLOYD

*No dark sarcasm is in the classroom (…)
»Wrong, do it again!«*

Zum letzten Song muss noch unbedingt angemerkt werden: Dieses Lied ist zwar ein Welterfolg, aber aus Sicht des Lehrers ein saudummer. Welcher Lehrer ist schon sarkastisch, wer entwickelt Schülern gegenüber ätzenden beißenden Spott und Hohn. Nää, kommt zwar gut bei den Leuten an, um den eigenen Frust abzuladen, geht aber meist an der Wirklichkeit vorbei.

GRUND 73

Weil er gern Filme über
Schule, Schüler und Lehrer sieht

1. »DER CLUB DER TOTEN DICHTER«

Wer wäre nicht gern wie der Lehrer Keating, der vom Jungeninternat, irgendwo im Nordwesten der USA? Der fällt durch ungewöhnliche Unterrichtsmethoden auf, ermuntert schüchterne Schüler, sich mehr zuzutrauen und das Leben mit seinen Möglichkeiten anzunehmen. So lässt er die Schüler auf das Lehrerpult steigen, um einen anderen Blick auf die Dinge zu bekommen. Am Ende mündet alles in einer großen Katastrophe, für die Mr Keating nichts kann, denn diese Schule hat die Ziele: Tradition, Ehre, Disziplin, Leistung.

Keating setzt dagegen auf die Kraft der Dichtkunst, um seine Schüler zu freien, selbstbestimmten, mündigen Menschen zu machen: »Ich ging in die Wälder, weil ich bewusst leben wollte. Ich wollte das Dasein auskosten. Ich wollte das Mark des Lebens einsaugen! Und alles fortwerfen, das kein Leben barg, um nicht an meinem Todestag innezuwerden, dass ich nie gelebt hatte.« (Henry David Thoreau) – »Die meisten Menschen führen ein Leben in stiller Verzweiflung.« (Henry David Thoreau) – »Ich brülle mein barbarisches Johoo über die Dächer der Welt.« (Walt Whitman)

Und wer würde sich nicht gern von seinen Schülern mit: »O Käpt'n, mein Käpt'n!« ansprechen lassen?

2. »DIE REIFEPRÜFUNG«

Der Film hat nicht direkt etwas mit Lehrern und Schule zu tun. Er handelt von einem gerade entlassenen Schüler und erzählt davon, dass Schule nicht alles leisten kann, was später mal einen gebildeten Menschen ausmacht. Der Filmheld Benjamin Braddock wird von Mrs Robinson verführt, was er dann nach einer gewissen Zeit auch sehr gut findet. Durch sie wird er zum Mann. Er macht seine wahre Reifeprüfung bei Mrs Robinson. Aber eine Mrs Robinson kann nun mal nicht die Jugend im Fach Sexualkunde unterrichten. Damit wäre sie absolut überfordert und die Schüler auch. Da muss man schon selbst in Gang kommen. Am Ende kommt man zur Erkenntnis, dass die Schule des Lebens durch keine Schule der Welt zu ersetzen ist. Das ist für einen Lehrer besonders tröstlich.

3. »DER BLAUE ENGEL«

Obwohl der Film von 1930 ist, hat er bis heute noch Ausstrahlung und damit Wirkung. Der wirklichkeitsfremde Moralapostel Professor Raat tyrannisiert seine Schüler, wird deshalb Unrat genannt. Er verliebt sich in eine Tänzerin vom Zirkus und wird dadurch zum Gespött der Leute. Er verhält sich wie ein Blödmann. Am Ende verlässt sie ihn, und er stirbt festgekrallt an seinem Lehrerpult.

Ja, so was passiert, wenn man in einer engstirnigen, von Doppelmoral geprägten Zeit lebt. Da gibt es ja auch heute noch viele Parallelen. Das ist doch eine Botschaft, die jeder Schüler verstehen kann. Man sollte aber mal eine neue Version davon drehen, sodass junge Leute die Geschichte auch annehmen können. Aber der Lehrer wird ja nicht gefragt.

4. »BAD TEACHERS«

Nicht jeder Film ist für den Zuschauer erbaulich und ein Lehrer fragt sich, was der Film mit Cameron Diaz wohl für eine Botschaft hat. Ja, bitte, was ist denn das? Sie will ihren Verlobten heiraten, der versetzt sie aber und so ist sie auf sich gestellt und muss wieder als Lehrerin zurück in die Schule. Sie kifft, trinkt Alkohol und betrügt bei den Schultests, sodass ihre Klasse die beste wird. Am Ende wird sie Vertrauenslehrerin. Das soll eine Komödie sein. Wo bleibt denn da die Moral? Nee, so geht das doch nicht! Kann man sich ja richtig ärgern als Lehrer.

5. »DIE FEUERZANGENBOWLE«

Von den Veralberungsklamotten über die Schule ist die Feuerzangenbowle vielleicht noch am ehesten zu ertragen. Heinz Rühmann spielt den Schüler Pfeiffer, der noch einmal Schule als Schüler erleben will. Komischerweise ist dieser Klassiker in der Nazi-Zeit entstanden, 1944. In der Zeit gab es doch nun wirklich nichts zu lachen. Vielleicht ist er ja gerade deswegen produziert worden.

6. »DAS WEISSE BAND«

Der Film führt den Blick auf die Verhältnisse in Deutschland kurz vor Ausbruch des Ersten Weltkrieges. Er handelt von sozialen und moralischen Regeln, die die Kinder in der Zeit auszuhalten hatten. Sie werden mit eiserner Unnachgiebigkeit durchgesetzt und zeigen somit die Unmenschlichkeit der Zeit auf. Die Kinder zerbrechen an der patriarchalisch-autoritären Struktur der Gesellschaft. Beeindruckend und verstörend. Schon jetzt ein Klassiker.

GRUND 74

Weil er sich von den Rolling Stones nicht unbedingt alles abgucken sollte

Es gibt bestimmt auch andere gesellschaftliche Gruppen, die der Musik der Rolling Stones zugetan sind, denn wer quasi mit der Muttermilch »I can get no … oh no no … that's what I say … no no no!« in sich aufgesogen hat, ist davon sein Leben lang gezeichnet, so auch der Lehrer, der sich in einer solchen Phase befand. Diese Art von Mensch fängt auf der Stelle an zu säbern, wenn er mitkriegt, dass im Umkreis von 400 Kilometern ein Konzert der Band stattfindet. Da muss er hin, koste es, was es wolle, inzwischen schon 100 Euro Eintritt und mehr, aber was ist das schon, wenn man dagegenrechnet, was er dafür bekommt. Und ein Lehrer wäre mal wieder kein Lehrer, wenn er daraus nichts für seinen Schulalltag ziehen würde. Methodisch gesehen ist die Motivationsphase perfekt gestaltet. Nach einer eher schwachen Vorgruppe, die dafür vorgesehen ist, dass die Zuschauer so allmählich in Stimmung kommen, fängt auf der Bühne ein riesengroßer Kessel an zu dampfen, der immer stärker brodelt, unterstützt von Stimmengeraune, das immer lauter wird, wie bei den Hexen von Shakespeare:

When shall we three meet again?
In thunder, lightning, or in rain?
When the hurlyburly's done,
When the battle's lost and won.

Dann stehen sie plötzlich auf der Bühne und die 50.000 Zuschauer schreien orgiastisch auf. »You start me up!«

So einen Einstieg in seinen Unterricht wünschte sich der Lehrer auch einmal: entrückte Blicke, Aufmerksamkeit, positive Zuwendung, rasende Verzückung. Das wäre es doch! Obwohl, so was könnte man wohl kaum durchhalten, jede Stunde mit so einem Einstieg zu beginnen. Da wäre man doch völlig fertig und die Schüler auch. Das würde sich auch schnell abnutzen und die Schüler stellten nüchtern fest: »Is' ja gut! Wir wissen ja, warum wir hier sein müssen, wir sollen was lernen. Geht es nicht ein bisschen kleiner?«

Anschaulichkeit ist bei der Band oberstes Gebot. Da der normale Zuschauer weit weg ist von der Bühne, müssen riesige Videoprojektionsebenen Nähe herbeizaubern. Nähe hat der Lehrer zu seinen Schülern ja im Klassenraum, aber jetzt vielleicht auch mal mit Projektionen arbeiten? »Touchscreen«? Gibt doch heute viele Möglichkeiten, seinen Unterricht zu gestalten.

Der Veitstanz des Frontmannes ist insofern zu bewundern, weil er zweieinhalb Stunden ununterbrochen in Bewegung ist und die gewaltige Bühne im Sprinttempo auf und ab läuft. Und dann singt er auch noch dazu. Auch das sollte der Lehrer nicht übernehmen. Der Schüler braucht einen ruhigen Fixpunkt beim Blick nach vorn. Er soll wissen, dass sein Kapitän am Ruder steht, egal wie das Wetter ist, egal was da kommt.

Ein Zuschauer eines Rolling-Stones-Konzertes hat Erwartungen, er will bedingungslos unterhalten werden, schließlich hat er dafür bezahlt. Er will die alten Lieder hören, die ihn sein Leben lang begleitet haben. Beim Schüler ist das anders, er hat keinen Eintritt bezahlt und ist auch nicht freiwillig in der Schule. Er hätte es aber gerne, wenn er schon mal da sein muss, ein bisschen unterhaltsam. Da kann der Lehrer wieder von den Stones lernen.

Im Mittelalter wären die Rolling Stones Minnesänger, die von Burg zu Burg zogen und die Burgherrin, die Kammerzofen und das Küchenpersonal unterhielten, denn der Herr Gatte mit seinen Rittern musste ja mal wieder im Heiligen Land unbedingt die Heiligen Stätten in Jerusalem von den Ungläubigen befreien. Das konnte Jahre dauern. Da blieb für den Minnesänger in der zugigen Burg ein weites Feld zu bestellen. Die Lieder, die gesungen wurden, priesen den Fürsten oder wie er sich sonst noch nannte. Dafür gab es Geld und Liebe. »Wes Brot ich ess, des Lied ich sing.« Wer wollte da schon Kritisches hören, dafür gab es nichts.

Die Minnesänger der Neuzeit verhalten sich nicht anders. Bring nur das, womit du nicht aneckst: »It's only Rock 'n' Roll but I like it!«

Das kann ein Lehrer nicht annehmen, im Gegenteil, er muss sich zum Teil unpopulär verhalten, den Schüler ärgern, ihn aus der Reserve locken. Lernen ist eben nun mal ein anstrengender Prozess. Erst über die Anstrengung kommt man zu neuen Ufern und damit zu neuem Lustgewinn, ist doch eine Binsenweisheit. Na also, geht doch!

Ob die Mitglieder der Band zum Vorbild gereichen? Die beiden Gitarristen sehen so aus, als wenn sie den heutigen Abend nicht mehr überstehen, beim Schlagzeuger mit seiner maskenhaften Miene liegt die Vermutung nahe, dass er auf der Stelle in die wohlverdiente Rente möchte. Und der Frontmann? Ob der Vorbild für einen Lehrer sein könnte? Nein, auf keinen Fall, denn der Mann ist eitel, abgrundtief egozentrisch. Das darf ein Lehrer nicht sein, er muss seine Person in den Dienst der Sache stellen, nicht er ist wichtig, sondern der Schüler. Obwohl, beim Betrachten mancher Lehrer kann man sich des Eindruckes nicht erwehren, dass ein bisschen Eitelkeit nicht schaden könnte. Es gibt so ein paar Lehrer-Typen, die kehren immer wieder, die prägen sich in ihrem Äußeren wunderbar aus – der bärtige Mauldampftyp in Birkenstockschuhen und Latzhose, der hagere Lottertyp, zu erkennen an den ungebügelten Klamotten, und der eifrige Junglehrer, der sich alsbald in Typ 1 oder 2 verwandelt.

GRUND 75

Weil es viele Witze über Lehrer gibt

Sagt der Lehrer: »Wenn die Herrschaften in der dritten Reihe etwas leiser sein würden, so wie die Comic-Leser in der mittleren Reihe, dann könnten die Schüler in der ersten Reihe ungestört weiterschlafen!«

*

Die neue Lehrerin, jung, sehr hübsch, mit einer Wahnsinnsfigur, ist der Schwarm aller Jungs in der Klasse. »Heute …«, schreibt sie an die Tafel, als Dennis plötzlich ruft: »Frau Lehrerin ist unter dem rechten Arm rasiert!« – »Dennis«, sagt sie, »das war sehr unartig!

Geh nach Hause, heute will ich dich nicht mehr sehen!« Okay, Dennis geht heim und ist über diesen freien Tag gar nicht böse.

Am nächsten Tag zeichnet die schöne Lehrerin etwas mit der linken Hand, und Dennis ruft: »Unter dem linken Arm ist sie auch rasiert!« – »Jetzt reicht es mir aber«, sagt die Lehrerin. »Geh nach Hause! Diese Woche brauchst du gar nicht mehr aufzutauchen. Und deine Eltern rufe ich auch an!«

Dennis erlebt drei wundervolle schulfreie Tage. Am Montag erscheint er wieder im Unterricht. Bis in die vierte Stunde geht auch alles gut. Da bricht der Lehrerin die Kreide ab, und sie bückt sich, um sie wieder aufzuheben. »Das war's dann, Jungs«, ruft Dennis und nimmt seinen Ranzen, »ich seh euch nächstes Schuljahr!«

*

Ein Gymnasiallehrer, ein Realschullehrer und ein Sonderschullehrer verlieren bei einer Alkoholkontrolle ihren Führerschein. Verzweifelt versuchen sie, die Polizeibeamten auf dem Revier gnädig zu stimmen.

Als Erster versucht es der Gymnasiallehrer, da er der Klügste der Kollegen ist. Aber nach zehn Minuten kommt er wieder heraus und sagt: »Es hat keinen Sinn. Sie geben uns die Führerscheine nicht wieder.«

Als Nächster versucht es der Realschullehrer, aber auch er kommt nach zehn Minuten mit hängendem Kopf heraus und sagt: »Keine Chance.«

Schließlich geht der Sonderschullehrer hinein. Nach fünf Minuten kommt er strahlend mit den drei Führerscheinen in der Hand aus dem Polizeirevier.

Seine Kollegen sind begeistert und fragen ihn, wie er das denn geschafft habe. Daraufhin der Sonderschullehrer: »Ach, das war eigentlich gar kein Problem. Die sind alle bei mir in die Klasse gegangen!«

*

Die Lehrerin im Unterricht: »Wenn auf einem Ast drei Vögel sitzen und ich einen abschieße, wie viele sitzen dann noch dort?«

Meldet sich Dennis: »Gar keine, Frau Lehrerin!«

»Aber wieso denn?«

»Wenn Sie einen abschießen, fällt der runter, und die anderen flattern vor Schreck davon!«

Die Lehrerin: »Hm, das war nicht die Antwort, die ich erwartet hatte. Aber deine Art zu denken gefällt mir.«

Darauf Dennis: »Ich hab auch ein Rätsel für Sie. In einem Eiscafé sitzen zwei Frauen. Eine beißt und eine lutscht ihr Eis. Welche ist verheiratet?«

Die Lehrerin wird rot, überlegt und sagt: »Die, die ihr Eis lutscht?«

Dennis: »Nein, die mit dem Ehering. Aber Ihre Art zu denken gefällt mir.«

GRUND 76

Weil er gern Sprüche von klugen Köpfen über Schüler, Erziehung und Lehrer liest

Wer die Lebenslaufbahn seiner Kinder zu verpfuschen gedenkt, der räume ihnen alle Hindernisse weg.　　　　　　EMIL OESCH

Während meines neunjährigen Eingewecktseins an einem Augsburger Realgymnasium gelang es mir nicht, meine Lehrer wesentlich zu fördern.　　　　　　BERTOLT BRECHT

Heitere Lehrer verändern die Welt.　　　　　　ALFRED SELACHER

Sage es mir, und ich vergesse es; zeige es mir, und ich erinnere mich; lass es mich tun, und ich behalte es.　　　　　　KONFUZIUS

Aus meiner Schulzeit sind mir nur meine Bildungslücken in Erinnerung geblieben.
OSKAR KOKOSCHKA

Es gefällt mir kein Stand so gut, ich wollte auch keinen lieber annehmen, als ein Schulmeister zu sein.
MARTIN LUTHER

Die Klugheit der Lehrer besteht zum größten Teil aus der Unwissenheit der Schüler.
UNBEKANNT

Es ist das Schicksal des Volkes, welche Lehrer es hervorbringt und wie es seine Lehrer achtet.
KARL JASPERS

Wer von Grund auf Lehrer ist, nimmt alle Dinge nur in Bezug auf seine Schüler ernst – sogar sich selbst.
FRIEDRICH NIETZSCHE

Man kann niemanden etwas lehren, man kann ihm nur helfen, es in sich selbst zu finden.
GALILEO GALILEI

Ich erziehe meine Tochter antiautoritär, aber sie macht trotzdem nicht, was ich will.
NINA HAGEN

Kinder brauchen Grenzen.
JAN-UWE ROGGE

GRUND 77

Weil er sparsam ist

Ein Lehrer gibt sein Geld nicht unbedacht aus. Dafür hat er viel zu wenig davon. Er ist aber nicht geizig. Das wäre ja mal wieder eine der inzwischen oftmals zitierten Todsünden. Er gibt sogar gern sein Geld aus, wenn er davon überzeugt ist, dass es für ihn einen besonderen Sinn macht. So überweist er seinen monatlichen Beitrag an eine Einrichtung, bei der er eine Patenschaft für ein Kind in der Dritten Welt übernommen hat. Dann kriegt er einmal im Jahr zu Weihnachten einen Pflichtdankesbrief von dem Kind aus Minas Gerais in Brasilien, worin es sich für die finanzielle Unterstützung bedankt und sich deshalb als würdig erweisen will, in der Schule gute Leistungen zu bringen.

Auch ist er an guten Büchern interessiert, aber er muss ja nicht jedes Buch, das seine Aufmerksamkeit erlangt, auch kaufen. Mal den Kollegen fragen, ob er das in der Diskussion stehende Buch schon hat. Man könnte doch – natürlich erst dann, wenn er es durch hat – mal ausleihen, oder? Wäre doch wirklich sonst Geldverschwendung.

Auch Theaterbesuche sind ein Muss. Da darf die Eintrittskarte schon mal was kosten, ein Sitzplatz in der ersten Reihe ist unbedingt notwendig. So kann man das Mienenspiel der Schauspieler doch viel besser wahrnehmen als im zweiten Rang, wo einem fast schwindelig wird, wenn man von da auf die Bühne guckt. Er ist sogar schon eine Stunde vorher da, noch einen kleinen Wein trinken und dazu eine Kleinigkeit essen. Zu schön! Und er hat sich vorbereitet, hat die Kritiken in der Zeitung gelesen und mal abwarten, ob die Meinung des Redakteurs mit seiner übereinstimmt. Ebenso muss er ins Kabarett, koste es, was es wolle. Nur da ist er eher nicht so daran interessiert, in der ersten Reihe zu sitzen, weil man Opfer des Kabarettisten werden kann, indem der einen verarscht.

Beim Essen spart er auch nicht, denn er weiß: »Man is, was man isst!« Er kauft Bio-Eier von freilaufenden Hühnern. Die Eier können doch nur dann gesund sein, wenn das Huhn glücklich ist. Nahrung muss ein Gütesiegel haben. Er will auch wissen, wo sein Fleisch herkommt. Das kostet schon mal was. Aber sicher ist er sich am Ende nicht, wenn er an die letzten Skandale in der Nahrungsindustrie denkt.

Kleidung ist zwar nötig, aber er muss nicht alle modischen Entwicklungen mitmachen. Was kostet das alles und was soll das? Er neigt eher zum Althergebrachten. Was sollen denn die Schüler, Eltern, Kollegen denken, wenn er anstelle der üblichen Jeans mit einem Anzug daherkommt. Geht doch gar nicht.

Digitalkameras mit optischem Ultrazoom in Silbermetallic, Socken, Brennholzspalter, Sommerreifen oder vierzig Beutel Ning-Hong-Tee werden nur im Angebot oder bei E-Bay als Schnäppchen gekauft. Er muss ja nicht sein Geld zum Fenster rausschmeißen. Er hat ja nicht so viel davon.

GRUND 78

Weil er nachmittags in die Museen gehen kann

Einen Lehrer treibt es des Öfteren in die Museen, besonders wenn mal eine Nostalgieausstellung zum Thema »Juke-Box-Automaten« stattfindet. Da kann er sich so schön an früher erinnern, als noch alles in Ordnung war, und man noch wusste, wo oben und unten war. Er geht dort aber nicht als Privatmann hin, nicht zum eigenen Vergnügen, sondern weil er immer im Hinterkopf hat, ob das nicht auch mal was für seine Schüler wäre. Sollen mal sehen, wie die Leute damals lebten, und dass sie vielleicht ein wenig demütig werden, weil sie erkennen müssen, dass der heutige MP3-Player nicht selbstverständlich, sondern hart erarbeitet worden ist.

Das Prachtstück der Ausstellung ist eine Jukebox aus Grand Rapids, Wisconsin von 1946. In der Musicbox sind tatsächlich noch Schellackplatten: *Grün ist die Heide* von dem Tenor Emil Baebler, *Das wünsch ich mir von dir* von Illo Schieder oder von Vico Torriani *In Paris, in der Rue Madeleine.*

Die Mechanik des Gerätes erinnert an einen freigelegten VW-Motor. Der rotsamtene Plattenteller scheint über dem Motor frei im Raum zu schweben. Der Tonarm ist aus Aluminium, aus dem eine riesige Nadel hervorragt. Über dem Münzschlitz in der Mitte steht: »Einwurf 1,- Mark. Bei Störung an der Kasse melden.« Der Schlitz ist zugeklebt. Man soll auf einen Metallnagel drücken, dann gibt der Automat das Geld wieder heraus.

Darunter ist ein rubinfarbener Stein, dessen Fortführung in blaugrün-rote edelsteinartig geformte Gläser eingefasst ist. Das geht in zwei gebogene Metallhalbkreise über. Das Gerät ist 1,70 Meter hoch, einen Meter breit und 70 Zentimeter tief. Die Lautsprecher im oberen Viertel sind verkleidet mit drei chromblitzenden Stoßstangen, wie man sie von den Straßenkreuzern aus Amerika aus den Fünfzigerjahren kennt. Spätestens hier merkt der Lehrer, dass er sich mal wieder hemmungslos in den Details dieses Gerätes verloren hat.

Ob das wohl seinen Schülern zu vermitteln ist? Den liebevollen Blick für die Details bekommen? »Bitte nicht unnötig berühren. Keine Tasten drücken, wenn das Gerät nicht spielbereit ist!«, steht darauf. Dieser Hinweis lässt ihn zu dem Entschluss kommen, von dem Besuch dieser Ausstellung mit Schülern abzusehen. Das wäre doch ein zu großes Risiko. Der in der Ecke auf einem Stuhl dösende Museumswärter weiß nichts von seinem Glück, eine Schülergruppe ist ihm erspart geblieben. So kann er weiter ruhig seinem Dienstschluss entgegenträumen.

Was haben eine Wolke und ein Lehrer gemeinsam? Wenn sie sich verziehen wird's schön!

KAPITEL 10

Nachdenken und Lernen

GRUND 79

Weil ihn Kritik von außen nicht trifft

»Lehrer haben vormittags recht und nachmittags frei« – das ist so eine Kritik, die ganz lustig ist, aber im Kern den Lehrer nicht trifft, und so ficht es ihn auch nicht an, da er weiß, dass die Wirklichkeit damit nicht annäherungsweise beschrieben ist. Er sagt dann immer: »Und dann noch die vielen Pausen am Vormittag dazugerechnet.«

Natürlich wäre es wirklich zu wenig, wenn ein Lehrer meint, einmal über den Gartenzaun zu furzen würde reichen, um damit den Boden zu düngen, auf dem sich die jungen Schülerpflänzchen entwickeln können. Wenn man sich als Lehrer so verhielte, ginge das wohl nicht lange gut, da würden einem die Schüler auf ihre Art schon sagen, dass das so nichts wird. Schüler teilen einem Lehrer unverstellt ihre Meinung mit. Das tut manchmal weh, aber es gibt einem auch die Chance, sich zu verändern.

Unter dem Deckmantel der Satire – Satire darf ja bekanntlich alles – kommen dann Texte in der deutschen Literatur zustande, in denen von Lehrerrüden die Rede ist, die sich in der Lehrerpause die Eier unter dem Tisch kratzen, und die Lehrertussi in die *Brigitte* starrt. Und in den zehnwöchigen Ferien krabbelt der Lehrer in sein fahrendes Scheißhaus (sprich: Wohnmobil) und kurvt damit nach Südfrankreich. Mit 45 ist er ausgebrannt, kriegt eine Schülerallergie und sinnt auf Berufsunfähigkeit. Das steht im »Witzigsten Vorlesebuch der Welt«, das von Jürgen von der Lippe herausgegeben wurde.

Ein Lehrer weiß das alles zu durchschauen, denn er erkennt, dass hier Neid der Motivator ist. Und so steigt er mit einem fröhlichen Grinsen zu Beginn der Sommerferien in sein Wohnmobil und fährt mit seiner Sippschaft für sechs Wochen nach Südfrankreich.

GRUND 80

Weil er seine Unterrichtsvorbereitungen den aktuellen Gegebenheiten anpassen muss

Als Lehrer macht man sich täglich Gedanken, besonders über die Welt, in welchem Zustand sie ist. Hat denn das alles noch einen Sinn? Was muss man an die Schüler herantragen, was eher nicht?

Auf jeden Fall muss er aktuelle Bezüge mit aufgreifen und in seinen Unterricht einfließen lassen. Wäre ja noch schöner, uralte Dinge immer wieder durchzukauen. Man lebt ja nicht in einer heilen Welt. Die Schüler müssen doch wissen, wie schnell sie beschissen werden können, besonders von den Großbanken.

Und so hat er eine Aufgabe vorbereitet, die sich mit der anhaltenden Bankenkrise auseinandersetzt: *17.300.000.000 Euro braucht die Sächsische Landesbank, um einen »Liquiditätsengpass« zu verhindern. Die Kohle ist ihrer irischen Tochter abhandengekommen. Schon bei August dem Starken waren zahllose ausländische Töchter das Ergebnis umtriebigen Agierens. In Irland war er nicht aktiv. Heute ist das anders: Da gibt es eine Sachsen LB Europe in Dublin. Die kümmert sich um Hypotheken in den USA. Das ist Globalisierung. Ist aber dumm gelaufen mit der Zahlungsmoral. Ist wohl 'ne Menge Geld wahlweise über den Liffey, den Jordan, die Elbe, die Mulde, die Schwarze und die Weiße Elster gegangen. Nun braucht die Landesbank neues Spielgeld, um sich zu »refinanzieren«. Kriegt sie. Übrigens, die Zahl am Anfang heißt in Worten 17,3 Milliarden. Um die zu kriegen, muss man bei Jauch 17.300-mal richtig bis zum Ende durchgeraten haben. Dafür kann man sich ein Jahr lang alle Lehrerinnen in Sachsen und alle Polizisten und alle Verwaltungskräfte und alle Abgeordneten und alle Minister, den Ministerpräsidenten, die Semperoper und das Gewandhaus kaufen. Der gesamte Landeshaushalt 2007 in Sachsen betrug 16.315.000.000 Euro. Auf jeden der 4.249.774 Sachsen entfiele ein Kredit von aufgerundet 4071,55 Euro.*

Na ja, ein klein wenig ist das geschummelt, weil nicht jeder Sachse ein Sparkassenkunde ist und Frauen, Säuglinge, Greise und Inder einfach mitgezählt wurden. Also: Immer genau hinschauen, wenn Zahlen im Spiel sind!

Die Fragen an dich:

1. Wie viele Jahre muss man wöchentlich bei Günther Jauch im Millionenquiz gewinnen, bis man die oben genannte Summe erreicht hat?
2. Wer muss die Summe am Ende bezahlen?
3. Wie lange bleibt dieses Geschehen in den Köpfen der Leute?

Als Antwort will er haben:

1. Circa 300 Jahre
2. Du und deine Kinder, deine Enkelkinder, deren Enkelkinder und deren Enkelkinder usw.
3. Höchstens eine Woche

GRUND 81

Weil er ab und zu eine selbstkritische Bestandsaufnahme macht

Überschreitet der Lehrer die Altersgrenze von fünfzig, muss er damit rechnen, nicht mehr ernst genommen zu werden. Äußerlichkeiten werden wichtiger. Ein Dreitagebart sieht dann nicht mehr sexy aus. Das ist den jüngeren Kollegen vorbehalten. Er muss damit rechnen, dass mitfühlende Menschen ihm die Adresse ihres Friseurs geben oder ihn fragen, ob es ihm nicht gut geht. Und der Konrektor guckt sorgenvoll, denn er muss den Vertretungsplan für den nächsten Tag machen. Ihm ist es lieber, wenn man sich gleich für den nächsten Tag abmeldet als fünf Minuten vor Unterrichtsbeginn.

Bei der Pausenaufsicht stellt ein vorlauter Rotzlümmel aus der vierten Klasse fest, dass der Lehrer gelbe Zähne hat. Nun kann er seiner Pflicht der Pausenaufsicht nicht mehr nachkommen und geht auf die Toilette, um leider feststellen zu müssen, dass der Lümmel recht hat. Wieder auf dem Pausenhof zurück, muss der Nächste bemerken, dass der Lehrer eine Glatze kriegt. Ist doch sehr unsensibel. Ja, der andere Kollege, der Mathelehrer, der hat eine Glatze, aber er doch nicht.

Das Gedächtnis muss der Lehrer immer wieder überprüfen. Er hat da durchaus Gedächtnislücken, die ihm zu denken geben. In welcher Parkhausetage hat er sein Auto abgestellt? Wenn er das vergessen hat, kann er lange suchen und im schlimmsten Fall mit dem Vorortzug nach Hause fahren. Er sollte sich für den Einkauf eine Liste schreiben, die Müllabfuhrtermine in den Terminkalender eintragen. Bei anderen Dingen hilft der Lehrerkalender. Sehr unangenehm, wenn Kollegen ihn darauf hinweisen, dass gestern Mittag Eltern vor dem Lehrerzimmer standen, die einen Termin hatten. Sich da rausreden wird schwer.

Hinweise an die Schüler:

»Das besprechen wir später.«

»Nächste Stunde zeigst du mir das unaufgefordert vor.«

»Bis morgen hast du Zeit, dann rufe ich deine Eltern an.«

Solche Sprüche sollte er nicht allzu oft benutzen. Wenn er sie nicht in die Tat umsetzt, wird er schnell unglaubwürdig. Deshalb mal wieder mit den Schülern ein neues Gedicht lernen. Die Schüler der neuen Klasse nach einer Woche alle mit dem richtigen Namen ansprechen, beim Schnellrechentest mitmachen. Das ist schon mal eine gewaltige Gedächtnisleistung. Dafür darf er dann andere unwichtige Dinge vergessen, wie neulich beim Bankautomaten die Geheimnummer. Dreimal eingegeben, dreimal verweigert der Automat das wohlverdiente Geld. Und schon ist die schöne Bankkarte weg.

GRUND 82

Weil er als Mentor seinem pädagogischen Mündel sein vorhandenes Potenzial aufzeigen möchte

Der Mentor kommt aus dem Griechischen und taucht in der homerschen Odyssee auf. Dort berät er Odysseus' Sohn Telemachos. Der Begriff hat sich bis heute erhalten und beschreibt im schulischen Bereich die Tätigkeit eines erfahrenen Lehrers, dem ein Mündel anvertraut ist, in diesem Fall eine Junglehrerin.

Er muss ihr zeigen, wo es langgeht. Also, das da ist der Hausmeister, der wichtigste Mann an der Schule, wichtiger noch als der Schulleiter. Mit dem sich besser gut stellen. Wenn man dem blöd kommt, dann lässt der einen am langen Arm verhungern. Dann ist auf einmal der Overheadprojektor nicht so schnell zu reparieren, oder: »Ach, Sie haben keinen Strom in Ihrem Klassenzimmer? Das ist ja schade. Mal sehen, wann ich dazu komme, das wird wohl dauern, hab mächtig viel zu tun.«

Und das da ist die Biolehrerin. Die ist ganz nett, sagen die Schüler. Wenn es ihr zu laut in der Klasse wird, nimmt sie beide Hörgeräte raus und lächelt ganz freundlich. Also, die kann man nun wirklich nicht ernst nehmen und schon gar nicht als Vorbild sehen. Die anderen Kollegen wird sie noch früh genug kennenlernen.

Alle weiteren wichtigen Dinge, die man so zum Überleben braucht, das würde er ihr schon erzählen und beibringen. Ab acht Uhr steht der Kaffee hinten im Nebenraum. Da ist für jeden genug da. Er würde sich mal bei dem Kaffeedienst dafür einsetzen, dass sein Mündel davon befreit wird, seinen Obolus dafür zu entrichten. Er kann sich selbst noch gut erinnern, als er Junglehrer war, da hatte er auch keinen Pfennig über. Das kann sie ihm wohl glauben. Zuerst ist es mal wichtig zu überleben. Ob sie denn schon ein Zimmer gefunden hat? Nein, noch nicht? Da kann er behilflich sein. Das arme Ding, muss die ganze Zeit pendeln von ihrer alten Wohnung zur Schule. Das geht doch nicht. Kann man doch gar nicht zulassen. Ist doch alles viel zu anstrengend. Man hat doch so seine Beziehungen in der Stadt, sitzt im Stadtrat, ist Vorsitzender des Kulturausschusses und ist auch verantwortlich für die kulturellen Kontakte zur Partnerstadt in Frankreich, obwohl er eigentlich kein Französisch kann, nur so ein bisschen für den Hausgebrauch. Ob sie denn Französisch könne. Ja? Das ist doch toll und sie könne ihm dann vielleicht bei seinen Aufgaben für die deutsch-französische Freundschaft helfen und die europäische Sache ein klein bisschen voranbringen.

Was sie denn für Fächer habe? Sport und Mathematik? Na, das ist dann nicht so der Bereich, für den er eigentlich zuständig ist, aber geht ja bei der Beratung gar nicht so sehr um fachliche, sondern um pädagogische Fragen und da kann er nun wirklich helfen.

Und das Beste wäre überhaupt, dass man sich für die Beratungsgespräche einen Ort sucht, der nicht so stressbehaftet ist wie das Lehrerzimmer. Er könne sich vorstellen, dass sie sich für die Beratung in ein gemütliches Café zurückziehen. Oder man trifft sich mal beim ihm zu Hause. Seine Frau sei gerade für eine längere Zeit im Krankenhaus. Aber das würde ja nicht stören. Es geht ja um die Sache, um die Beratung. Sie dahin zu führen, dass sie mal eine sehr gute Lehrerin wird. Und das soll sie bitte nicht missverstehen, das mit der Einladung. Wirklich nicht. Na klar, das kann man auch im Lehrerzimmer machen, seinetwegen. Wenn es denn sein muss. Bitte sehr.

Beim Sportunterricht kann er seinem Mündel gute Tipps geben, wie sie ihren Unterricht verbessern kann, aber eigentlich hat er nur Augen für das sportliche Outfit seines Mündels. Sie hat extra einen »Gettoblaster« dabei, um ihre Schüler zur Bewegung zu animieren. Sogar der dicke Klaus, der sonst nie mitmacht, kommt in Bewegung. Toll, wie sie das macht, ganz großartig, könnte man ja auch mal für sich in Erwägung ziehen. Man ist doch offen für neue Anregungen.

Ja, ob man gleich, ääh … die Besprechung hier, ruck zuck, äh … auf dem Mattenwagen machen könne. Nein, das könne man nicht, denn sie, die Junglehrerin, hat ganz genau mitgekriegt, wo er seine Augen die ganze Zeit gehabt hat. Was soll denn da bei der Besprechung herauskommen? Bestenfalls ein Versuch der sexuellen Annäherung seinerseits und darauf hat sie überhaupt keinen Bock. Und wenn er das nicht in Zukunft unterlässt, dann muss er damit rechnen, dass sie sich an den Rektor wendet. Außerdem stinkt dieser Mattenwagen unglaublich nach Turnschuh. Ein bisschen mehr Stil hätte sie sich schon gewünscht.

Für den Prüfungstag rät der Mentor dann doch, ein Kleid anzuziehen, das etwas von ihrer Weiblichkeit zeigt. Mein lieber Mann. Mal so richtig mit den Pfunden wuchern. Kann doch nicht schaden. Da hat man dann schon die halbe Prüfung geschafft. Meint der Mentor.

GRUND 83

Weil er Fortbildungsveranstaltungen besuchen darf

Der Katalog für Fortbildungsveranstaltungen, betrachtet man allein das Angebot des Instituts für Qualitätsentwicklung an Schulen, ist äußerst umfangreich. Die Gründe dafür sind vielfältig. Da gibt es nicht nur die vorgeschriebenen Veranstaltungen für die Lehrer, die sich für die von ihnen mehr oder weniger freiwillig übernommenen Ämter qualifizieren wollen oder eine Führungsposition anstreben. Seminare mit methodisch-didaktischem Schwerpunkt besucht der Lehrer freiwillig, um in den verschiedensten Fächern nicht den Anschluss zu verlieren. Einen ganz anderen Bereich bedienen die Fortbildungsveranstaltungen, die sich mit Schulentwicklung und der Kommunikation in der Schule beschäftigen.

Ein Grund für die Fülle der Angebote ist nicht so offensichtlich, sollte aber nicht vergessen werden: Viele gemeine Lehrer haben den Drang, Fortbildungsleiter oder sogar Studienleiter zu werden. Die Motive für diesen Drang sind ohne Zweifel darin begründet, dass die Vorbereitung und Durchführung eines Seminars lustvoll sein kann und die Herausforderung reizvoll ist. Niemand käme auf die Idee, dass der Reiz dieser Aufgabe auch darin liegen könnte, dass man sich der Schulpraxis ein wenig entziehen kann.

An dieser Stelle soll ausdrücklich für die Teilnahme an den Fortbildungsveranstaltungen geworben werden, auch oder obwohl sie meist in der unterrichtsfreien Zeit stattfinden. Welches Vergnügen den sich standhaft weigernden Lehrern, die nicht daran teilnehmen, verloren geht!

Eigentlich müssten sie wissen, wie wohltuend es ist, wenn man sich auf die immer gleichen Strukturen und Abläufe der Seminare verlassen kann. Wie positiv sich die Veranstaltungsmethodik entwickelt hat: Kein langweiliges Vorlesen ellenlanger Manuskripte, die man sich sehr gut auch im trauten Heim zu Gemüte führen könnte, sondern man kommt in den Genuss von PowerPoint-Präsentationen. Welch Sinnlichkeit, wenn die Flipchart aufgestellt wird, dann die Vorfreude, sich mit den verteilten selbstklebenden Symbolen Ausdruck verleihen zu dürfen, zumal man sicher sein kann: Danach darf geclustert werden!

Und dann erst die Gruppenarbeit. Über das ganze Gebäude verteilt dürfen sich die Gruppen zurückziehen. Einer der schönsten Momente solcher Tagungen, denn wenn man sich dazu noch ein Käffchen mitnimmt, steht der Entspannung nichts im Wege, denn keiner kann einen zwingen, sich einzubringen. Die Gefahr, ohne Ergebnis ins Plenum zurückkehren zu müssen, ist ohnehin nicht gegeben, denn einen Profi-Quatscher gibt es in jeder Gruppe. Der präsentiert dann die Gruppenergebnisse, versteht sich von selbst.

GRUND 84

Weil er auch mal eine Modulveranstaltung leiten kann

Für die Fortbildung der Lehrer hat jedes Bundesland Institute eingerichtet. Diese sollen dem berechtigten Wunsch der Lehrer, aber auch der Pflicht zur Weiterbildung der Lehrer nachkommen. Jedes Land hat so etwas eingerichtet, sie heißen nur unterschiedlich, zum Beispiel Lehrerfortbildungsinstitut, Landesinstitut für Lehrerbildung, Regionales Pädagogisches Zentrum, Institut für Lehrerfort- und -weiterbildung, Landesinstitut für Schulqualität und Lehrerbildung, Institut für Qualitätsentwicklung, Institut für Aus- und Weiterbildung oder Institut für Fort- und Weiterbildung. Die gute Absicht aber, den Lehrer fortzubilden, ist allen zu eigen.

Der engagierte Lehrer hat immer ein Sendungsbewusstsein, will, dass andere an seinen wichtigen pädagogischen Erkenntnissen Anteil nehmen. Wenn er sich dann als fähiger Lehrer profiliert hat, kann er auch mal in den Genuss kommen, für so ein Institut tätig zu werden. Da bietet er dann ein Modul an, also ein Bauelement, Teil eines größeren Systems, des Systems der Lehrerfortbildung, zum Beispiel: »Der Einfluss des Bauhauses, unter besonderer Berücksichtigung von Josef Albers und Johannes Itten, auf den Kunstunterricht der späten Sechzigerjahre«. Das macht er doch gern, ist doch eine neue Herausforderung. Bringt doch Spaß!

Im Zeitalter der Vernetzung ist es heute ein Leichtes, sich in den »Bildungsserver Lernnetz« unter einer Codenummer einzuloggen. Da kann man dann unter »Zugang der Referentinnen/Referenten« sehen, welcher Lehrer kommen möchte, wer plötzlich nicht mehr kommen möchte oder wer unbedingt noch an der Veranstaltung teilnehmen möchte.

Nach der durchgeführten Veranstaltung dürfen sich die Teilnehmer von zu Hause aus im Internet äußern, zum Beispiel:

- »Die Leitung hat die Veranstaltung klar und gut strukturiert«,
- »Die Leitung war fachlich kompetent.«
- »War die Leitung auf Höhe der aktuellen Diskussion?«

Man könnte sich noch weitere Fragen vorstellen wie:
- »Hatte die Leitung Schweiß unter den Achseln?«
- »Äußerte sich die Leitung politisch korrekt?«
- »Machte die Leitung Witze auf Kosten von Minderheiten (Kindern, Frauen, Behinderten, Bürgermeistern)?«
- »Entsprach die Frisur der Leitung Ihren Vorstellungen?«
- »Malten die Teilnehmer während der Veranstaltung Bilderchen auf ihren Notizblock?«
- »Wenn ja, welcher Thematik waren sie?«
- »Unterhielten Sie sich, während die Leitung Wichtiges mitzuteilen hatte, trotzdem mit Ihrer Nachbarin / Ihrem Nachbarn?
- »Kamen Sie eine Stunde zu spät zur Veranstaltung?«
- »Kamen Sie zwei Stunden zu spät zur Veranstaltung?«
- »Kamen Sie gar nicht zur Veranstaltung?«
- Antwort:
- »Trifft voll zu«
- »Trifft teilweise zu«
- »Trifft nur im Ansatz zu«
- »Trifft nicht zu«

So kann man dann errötend die Rückmeldungen lesen, nimmt die positiven wie negativen zur Kenntnis. Wäre es da nicht fairer, das gleich am Tag der Veranstaltung zu sagen? So bleibt der Verdacht: »Institut Fortbildung is watching you!«

GRUND 85

Weil er schlechte Lehrer hatte und nun zeigen will, dass er es besser kann

Jeder Lehrer war auch mal Schüler. So profan diese Aussage auf den ersten Blick zu sein scheint, so bedeutsam ist sie doch in Bezug auf die Berufsfindung. Gute Lehrer gehabt zu haben kann durchaus die Lust wecken, selbst einer zu werden. Schlechte Lehrer gehabt zu haben kann zweierlei Folgen haben: Entweder schwört man sich, nie wieder im Leben solch eine Anstalt zu betreten, oder man entdeckt den eigenen missionarischen Eifer, künftige Schülergenerationen nicht genauso leiden zu lassen. Wenn er aus diesem Grund den Lehrerberuf ergreift, muss er, bevor er das Studium beginnt, eine ziemlich genaue Vorstellung davon haben, was denn ein schlechter Lehrer ist und was den guten ausmacht.

Fragt man die ehemaligen Schüler, sind die häufigsten Klagen:

- »Freundlich war er nie.«
- »Seinen Unterricht hat er langweilig gestaltet. Immer hatte man das Gefühl, Inhalte und Methoden waren seit zwanzig Jahren dieselben.«
- »Er war ungerecht. Die Beurteilung der Leistung war nicht im Ergebnis begründet, sondern darin, wer sie erbrachte.«
- »Gab nie zu, wenn er Fragen nicht beantworten konnte, sondern kanzelte den Frager entweder ab oder laberte wie ein Politiker an der eigentlichen Frage vorbei.«
- »Er hat offensichtlich seinen Beruf aus irgendwelchen Gründen ergriffen, aber sicher nicht, weil er ihn liebt.«

Wenn sich jemand entscheidet, in das Lehramtsstudium zu starten, weil er genau das alles besser machen will, sollte er diese Liste auf einen Zettel schreiben, ihn in den Terminkalender legen und nicht versäumen, im Lehreralltag regelmäßig einen Blick darauf zu werfen.

GRUND 86

Weil er sich nicht dagegen wehren kann, ständig zu lernen

Wissenschaftler sagen, der beste Schutz gegen Altersdemenz bestehe darin, ständig zu lernen. Das stimmt den Lehrer optimistisch, denn dagegen kann er sich nicht wehren. Auch wenn er denn wollte.

Kein anderer Beruf ist so von ständigen Neuerungen geprägt wie der des Lehrers. Nicht mehr ganz so junge Pädagogen und Eltern erinnern sich an die Einführung der »Mengenlehre«. Ein völlig neuer Ansatz in der Schulmathematik wurde in den Siebzigerjahren eingeführt. Leider versäumten es die federführenden Hochschulprofessoren, Lehrer und Öffentlichkeit darüber ausreichend zu informieren, was sie dazu motiviert hatte. Schulbuch-Verlage rieben sich die Hände. Fast eine Million Mathematikbücher konnten außer der Reihe verkauft werden, denn die »Mengenlehre« musste eingearbeitet werden.

Lehrer, die fachfremd Mathematik unterrichteten oder deren Studium länger als drei Jahre zurücklag, mussten umdenken und lernen, lernen, lernen, genauso wie Eltern, die nachvollziehen wollten, was ihre Kinder da lernen sollten. Voller Verunsicherung wurden die entsprechenden Kurse der Volkshochschule gebucht.

Auch wenn die Lehrerbildungsinstitute ihr Möglichstes leisteten, dauerte es Jahre, bis auch der letzte Lehrer auf dem Stand der Dinge war. Viele bunte Kreise und Begriffe wie »Schnittmenge« oder »Restmenge« schwirrten in den Lehrerköpfen herum. Ungefähr genauso viele Jahre dauerte es dann, um die »Mengenlehre« Stück für Stück zumindest aus dem Grundschulunterricht wieder verschwinden zu lassen. Das ärgerte den Lehrer natürlich nicht. Hauptsache, er durfte lernen.

Man könnte meinen, dass die Rechtschreibreform von Lehrern initiiert worden ist. Welch wunderbarer Bereich, um beweisen zu können, wie lernbegierig Pädagogen sind. Doch damit nicht genug. Damit der Lehrer nicht Gefahr läuft, sich in Selbstzufriedenheit zurückzulehnen, gibt es eine Reform der Reform. Das führt nicht nur in der Öffentlichkeit, sondern auch bei den lernwilligsten Lehrern zur Verunsicherung.

Zumal er sich bei der täglichen Zeitungslektüre häufig fragen muss, ob der neue Duden nun gilt oder nicht. Aber das ist nun mal das Schicksal eines kritischen Lehrers. Belastender empfindet er die Beobachtungen bei den Rechtschreibleistungen der Schüler. Bei den vielen Übergangsregelungen droht eine Generation heranzuwachsen, die, was die Rechtschreibung betrifft, die Kulturtechnik des Schreibens in Beliebigkeit erlebt. Eine Kompetenz hat sich damit aber entwickelt: Das Formulieren von Ausreden. Was ist jetzt noch ein eindeutiger Fehler? Es wird auf den neuesten Duden verwiesen. In dem wird darauf hingewiesen, was alles auch erlaubt ist. Dann doch lieber weniger anstreichen, um Elternbelehrungen zu vermeiden.

Auch zur Schrift gibt es Empfehlungen. Es gibt die lateinische Ausgangsschrift, die vereinfachte Ausgangsschrift, die Schulausgangsschrift und seit Kurzem die Grundschrift. Da fast jeder Lehrer die lateinische Schrift gelernt hat, muss er sich – vornehmlich in der Grundschule – bemühen, korrekt zu schreiben. Wenn in einer Klasse die vereinfachte Ausgangsschrift gelernt werden soll, heißt das für ihn: üben, üben, üben. Unangenehm wird es, wenn in der Parallelklasse eine andere Ausgangschrift angewendet wird. Da heißt es dann wieder: üben, üben, üben.

GRUND 87

Weil er sich von seinen Schülern ein Zeugnis ausstellen lässt

Ein Lehrer will immer wissen, wie sein Unterricht bei seinen Schülern ankommt. Deshalb bittet er sie, auch ihm ein Zeugnis auszustellen, denn er weiß, dass er von Schülern Hilfe bekommen kann, man muss ihnen nur klarmachen, dass ihm ihre Meinung wichtig ist. Wer bekommt schon in seinem Beruf die unverblümte Wahrheit gesagt:

- *»Meistens ist er hilfsbereit. Manchmal versucht er, Schüler zu ärgern durch Sprüche. Manchmal sind die Witze unpassend.«*
- *»Er verhält sich nicht immer passend. Er stört durch seine Witze den ganzen Unterricht. Er erledigt ansonsten aber seine Arbeit befriedigend. Er hat Schwierigkeiten im Fach Deutsch, vor allem in der Rechtschreibung. Er kommt oft einige Minuten zu spät in den Unterricht. Er lässt sich leicht durch Zwischenrufe ablenken.«*
- *»Er ist oft sehr spaßig und nicht immer ernst. Man muss sich oft vor seinen Verarschungen in Acht nehmen. Man kann gut mit ihm diskutieren und Fehler besprechen.«*
- *»Er geht stur nach Lehrplan vor. Er hat Lieblingsschüler. Die Notengebung ist angemessen und gerecht. Er sieht über vieles hinweg. Er ist für jeden Scherz zu haben, ist ein guter Kumpel und geht auf Schüler ein, kommt aber öfter ins Schwafeln. Er hat leider keine Geduld.«*
- *»Er nimmt alles spaßig. Er kann sehr streng sein. Er ist manchmal abgelenkt und nicht bei der Sache.«*
- *»Er lässt sich oft ablenken und macht manchmal Blödsinn, aber er hat die Anforderung erfüllt und darf im nächsten Schuljahr die 9a weiter unterrichten.«*
- *»Obwohl er manchmal etwas labert, ist er ganz sympathisch.«*

- »*Durch sein witziges und humorvolles Auftreten meistert er auch kritische Situationen. Nur in manchen Fällen wirkt er ein wenig autoritär.*«
- »*Seine Schrift sollte besser werden und das heißt: üben, üben, üben.*«
- »*Im Unterricht macht er gern Späße, auch wenn er unsere nicht immer toleriert. Seine sportlichen Leistungen lassen ab und zu zu wünschen übrig. Wenn einige nicht mitmachen, sagt er: ›Ach ja, die Raucher!‹ Und dann macht er selbst schlapp.*«
- »*Er bereichert den Unterricht durch sachbezogene Beiträge und Einfälle. Er muss noch lernen, sich im Unterrichtsgeschehen nicht vorzudrängen, sondern auch mal andere zu Wort kommen lassen. Er hat viel Freude am Kunstunterricht, er beweist dabei viel Einfallsreichtum, ebenso zeigt er viel Freude am Sportunterricht. Leider ist er durch häufiges Schwatzen abgelenkt.*«
- »*Er ist auf Beschluss der Klassenkonferenz versetzt in die Klasse 9a.*«

GRUND 88

Weil er in den hintersten Ecken der Lehrerbücherei Wissenswertes entdecken kann

Wenn der Lehrer sich die Mühe macht, in einer Schule mit langer Tradition in der Lehrerbücherei zu stöbern, stößt er manchmal auf längst Vergessenes und auch Verstörendes, was er vorher so nicht kannte. Sucht er lange genug, ist vielleicht das Werk *Kopfrechnen* von Georg Schniedewind aus dem Jahre 1950 zu entdecken:

Frieda kauft 12 Briefmarken; jede kostet 8 Pfennige. Wie viel Geld bekommt sie aus einer DM zurück?

In einem Wäschegeschäft beträgt der Selbstkostenpreis für Kragen 75 Dpf je Stück. Ein Kragen wird mit 20 v. H. Gewinn verkauft. Berechne den Verkaufspreis!

Neben diesen Schätzen, die wohl irgendwann gänzlich vergessen sein werden, gibt es aber auch Wissenswertes, das erschreckend ist, aber nie vergessen werden sollte.

Zu diesen Dokumenten gehört das auf den ersten Blick überhaupt nicht viel versprechende Handbuch mit dem Titel *Die Amtsführung des Lehrers* aus dem Jahre 1937.

In diesem so unverfänglich klingenden Werk findet man nicht nur Ausführungen, die den Schrifterwerb, das Lichtbildwesen oder den Segelflug betreffen, sondern auch so etwas:

In die Hilfsschule gehören schwachsinnige Kinder. Die ärztlichen Erfahrungen sprechen dafür, daß bei diesen Kindern eine krankhafte Störung vorliegt, auf deren Heilung nicht immer zu rechnen ist. Bei all diesen Kindern ist ein Intelligenztest vorzunehmen, dessen Ergebnis nicht durch vorheriges Üben verfälscht werden darf. Liegt angeborener Schwachsinn vor, ist das Verfahren zur Unfruchtbarmachung einzuleiten.

Als vorbeugende Mittel, die zur Bekämpfung der Volksentartung angewendet werden, sind die Maßnahmen zu behandeln, die zur Erzielung gesunder Nachkommen ergriffen werden. Durch die Unfruchtbarmachung wird die Fürsorge vom einzelnen fort auf den Erbstrom des ganzen Volkes ausgedehnt, und es werden auf menschliche Weise die natürlichen Lebensgesetze wieder befolgt, die im letzten Jahrhundert immer mehr mißachtet wurden.

Der Lehrer, der das entdeckt, sollte daran denken, dass es sich nicht um Texte aus dem Mittelalter handelt.

GRUND 89

Weil er wissen will,
wie Vorurteile entstehen

Paul Th. Hermann, *Diktatstoffe zur Einübung und Befestigung der neuen deutschen Rechtschreibung*, 12. verbesserte Ausgabe, 1909, Ernst Wunderlich, Leipzig:

DIE NEGER

Es ist gewiß bekannt, dass die Neger noch auf einer verhältnismäßig niedrigen Bildungsstufe stehen; bei einem großen Teile von ihnen kann der ganze Lebenslauf in die Worte: Essen, Trinken, Schlafen zusammengefaßt werden. Das Bedürfnis der Kleidung haben sie fast alle nicht. Sie sind nicht bloß durch den gräßlichen Sklavenhandel, sondern auch durch die emsigen, christlichen Missionare mit den Weißen vielfach in Berührung gekommen. Diese ließen es sich angelegen sein, die Mohren geistig und sittlich zu heben; aber die Ergebnisse ihrer Bemühungen waren dürftig. Sobald man den Neger wieder sich selbst überläßt, sinkt er in die frühere Barbarei zurück. Der ihm mühsam aufgezwungene äußerliche Firnis der Gesittung fällt ab.

So was wurde mal deutschen Kindern beigebracht! Der Soziologe Werner Bergmann definierte: *Im Alltagsverständnis gebrauchen wir den Begriff Vorurteil, um ausgeprägte positive und negative Urteile oder Einstellungen eines Mitmenschen über ein Vorurteilsobjekt zu bezeichnen, wenn wir sie für nicht realitätsgerecht halten und der Betreffende trotz Gegenargumenten nicht von seiner Meinung abrückt. Da wir in unseren Urteilen zumeist nur unsere Sichtweise wiedergeben und Urteile fast immer gewisse Verallgemeinerungen enthalten, sind in jedem Urteil Momente des Vorurteilshaften zu finden.*

Aber halt, stopp, die Vorurteilsfalle schlägt auch heute noch zu. Der Lehrer denke nur mal an die Vornamen der Kinder seiner Klasse. Hat er einen Kevin oder Dennis, gehen doch schon die Alarmglocken bei ihm an. Ähnlich verhält sich das bei Doppelnamen wie Anouk-Chantal. Oder was ist mit Maurice? Wie spricht man denn das bitte aus? Französisch?

Belehrung durch den Schüler, er heiße nicht »Mohries« sondern »Mauritze«. Da geht doch die Toleranz dem Schüler gegenüber gleich um einiges zurück. Schüler mit einem solchen Namen müssen schon sehr gut sein, um gerecht beurteilt zu werden. Da der Lehrer das weiß, hält er beim nächsten Elternabend einen Vortrag über angemessene Namensgebung und er plädiert für klassische Namen wie Alexander, Jan, Anna oder Marie. Dadurch würde man es dem Kind erheblich erleichtern, die ersten Schritte ins Schulleben zu tun.

Also, bitte, daran denken, wenn man ein neues Menschenwesen in die Welt setzen will.

GRUND 90

Weil er einen Brief an Malermeister Raufaser schreiben kann

Der Malermeister Raufaser sorgte sich vor ein paar Tagen in der Ortspresse um den Bildungsstand an den Schulen. Er machte es fest an einer Bewerbung, die ein Schüler geschrieben hat. Sie enthielt zwölf Rechtschreibfehler. Unverständnis zeigte er besonders dafür, dass der Schüler auch noch eine »3« im Fach Deutsch hatte. Nun forderte er den obersten Chef des Landes auf, was er gegen diese Bildungskatastrophe unternehmen wolle. Nun ist der Lehrer nicht vom Malermeister aufgefordert worden, sondern der oberste Dienstherr, sich Gedanken zu machen.

Hätte er den einfachen Lehrer gefragt, was er zu unternehmen gedenke, dann hätte der vielleicht so geantwortet:

Lieber Herr Raufaser,

was regen Sie sich eigentlich auf? Man sollte doch erst einmal das Positive an der ganzen Sache sehen. Sie können sicher sein, dass dieser Schüler seine Bewerbung ohne fremde Hilfe geschrieben hat. Das ist doch was – zeigt, dass er die Dinge selbst in die Hand nimmt. Gut, er hat sich dumm verhalten, hätte seine Bewerbung vor dem Abschicken noch mal jemanden lesen lassen sollen. Sein Wollen hat er aber doch klar zum Ausdruck gebracht. Er möchte eine Lehre als Maler bei Ihnen beginnen. Interessant wäre es doch, herauszufinden, wo seine Stärken liegen. Vielleicht kann er ja den Prolog aus dem ›Faust‹ auswendig deklamieren:

›Von allen Geistern, die verneinen, ist mir der Schalk am wenigsten zur Last. Das Werdende, das ewig wirkt und lebt, umfasst euch mit der Liebe holden Schranken.‹ Meine Tochter hat gelernt, französische Verben im zweiten Konjunktiv zu konjugieren. Ein Schinkenbrötchen kann sie sich in Frankreich trotzdem nicht bestellen. Hat da wieder die Schule versagt? Ist sie wirklich für alle sozialen und kulturtechnischen Defizite verantwortlich? War Schule früher besser? Ein Adolf Eichmann hatte bestimmt eine hohe Rechtschreibkompetenz, aber wie war es mit seiner Humankompetenz bestellt? Was sind Bildungsdefizite?

Ein Professor in den USA hat festgestellt, dass die überwiegende Mehrheit der amerikanischen Jugendlichen noch nie ein Baby auf dem Arm hatte, noch nie einen Kranken gepflegt und noch nie einen Gegenstand zum eigenen Gebrauch angefertigt hat. Solange man bei einem Ghanaer zuerst die Hautfarbe sieht, bei einer Türkin zuerst das Kopftuch, bei einem Säugling zuerst das Gequake als störend wahrnimmt, bei einem alten Menschen zuerst seine Krücken sieht, so lange ist man geneigt, Probleme mit Ausgrenzung zu lösen, ist man genau das, was man seinen Eltern vielleicht vorgeworfen hat: faschistisch.

Solange Sie, lieber Herr Raufaser, nur die fehlerhafte Bewerbung des
Schülers sehen, sind Sie nichts anderes.

Mit freundlichen Grüßen

So, das musste mal sein, jetzt geht es ihm wieder besser. Das Leben
ist nun mal keine Wundertüte, aus der man die schönsten Dinge
herausziehen kann. Meistens ist es doch eher trist, selbst für einen
Lehrer. Nun hat der oberste Chef in der Landeshauptstadt reagiert.
Er will die Bildungskatastrophe mit einem Erlass abwenden:

Unterrichtsstunden, die wegen Abwesenheit der Schülerinnen und
Schüler aus schulorganisatorischen Gründen (z. B. Klassen- und Kurs-
fahrten, Wandertage, Betriebspraktika) oder auf Grund besonderer
Witterungsverhältnisse nicht erteilt werden können, werden von der
Schule gesondert erfasst. Die betreffenden Lehrkräfte stehen in diesem
Umfang der Schule für Unterricht zur Verfügung. Der Ausgleich hat
bis zum Ende des darauffolgenden Schuljahres zu erfolgen.

Na ja, vielleicht wird durch solche Maßnahmen die allgemeine
Rechtschreibung besser und der Malermeister Raufaser muss sich
keine Sorgen mehr um den Bildungsstand an deutschen Schulen
machen. Wäre doch mal was.

GRUND 91

Weil er sich gern alte Fotos ansieht

Ab und zu guckt der Lehrer gern in die Schulchronik. Da findet er
viele Schwarz-Weiß-Bilder aus längst vergangenen Tagen. Sie strah-
len einen besonderen Zauber aus. Vor allem ein Foto fällt ihm auf.
Es zeigt einen Lehrer und zwei Schüler. Es nimmt ihn gefangen.

Der Lehrer trägt einen dunklen Zweireiher, eine gepunktete
Krawatte, die Haare sind akkurat zurückgekämmt. Der Blick ist
dem Schüler zugewendet. Seine linke Hand hält eine Schiefertafel,

auf der Zahlenkolonnen geschrieben sind. Die rechte Hand hält einen Griffel und ist im Begriff, das Geschriebene zu ändern. An der Schiefertafel an einem Band hängt ein Lappen. Der rechte Schüler steht vor seinem Lehrer und blickt ihn respektvoll an. Sein Hemd hat noch eine Knickfalte und ist am Kragen gemustert. Darüber trägt er einen Pullunder. Seine Haare sind kurz geschnitten. Seine linke Hand stützt sich leicht auf dem Tisch ab. Vorne rechts auf dem Tisch liegt eine verschlossene Dose für den Schwamm, den man zur Reinigung der Schiefertafel braucht, daneben liegt ein geschlossener Griffelkasten. Zwei schmale Bücher, das eine aufgeschlagen, das andere geschlossen, davor ein kleines Kästchen mit einem Griffel daneben.

Der sitzende Schüler auf der linken Seite guckt dem Fotografen eher ängstlich in die Kamera. Sein Hemd ist bis zum Kragen geschlossen, darüber trägt er ebenfalls einen Pullunder. Der Hosenträger ist zu sehen. Die Kleidung ist sommerlich. Sein rechter Arm liegt auf einem aufgeschlagenen Buch. Sein Kopf ist an den Seiten kahl geschoren. Im Hintergrund sieht man schemenhaft weitere Schüler, die an ihren Tischen sitzen und interessiert dem Fotografen zusehen. Die Tische sind alle nach vorne ausgerichtet.

Aber bei genauerer Betrachtung ist mehr zu entdecken. Es scheint wenig Platz zwischen den Reihen zu sein, der rechts stehende Schüler musste sich wohl aus seiner Beengung erst befreien, um dann für den Lehrer aufzustehen. An der hinteren Wand hängt ein Bild vom Reichspräsidenten von Hindenburg, dem Mann, der Hitler zum Reichskanzler ernannte. Der Geist von vorgestern weht herüber. Links am Rand des Bildes auf einem Regal, gleich neben der Schulter des Lehrers, steht ein Volksempfänger, der im Auftrag von Reichspropagandaminister Joseph Goebbels entwickelt wurde. Der Empfänger konnte anfänglich zwei deutsche Sender empfangen. Das Gerät war damit eines der wichtigsten Propagandamittel der Nazis. Damit hat man bestimmt Hitlers und Goebbels' Reden gelauscht.

Der Lehrer macht einen konzentrierten, freundlichen, dem Kinde zugewandten Eindruck. Trotzdem wird man den Eindruck nicht los, dass die Stimmung gedrückt ist, dass Angst mitschwingt vor dem, was kommt. Auf der Rückseite des Fotos steht mit der Hand geschrieben: »August 1939«, ein paar Tage vor der Jahrtausendkatastrophe. Aber vielleicht ist das ja alles nur im Nachhinein so gesehen, weil man aus den historischen Abläufen weiß, was folgt.

Spätestens jetzt wird dem Lehrer klar, wie wichtig es ist, die Zeit in Bildern festzuhalten. Das Gewöhnliche ist das Außergewöhnliche. Nicht das Fotografieren des Eiffelturms ist interessant, sondern das Fotografieren der Menschen. Der Eiffelturm sieht auch in hundert Jahren noch so aus wie heute, nur eben die Menschen nicht, die in ihren zeitlichen Begrenztheiten leben.

Und der Lehrer beschließt, ab morgen Zufallsbilder im Unterricht zu machen, für später, damit man sich dann diese Bilder ansieht und sich über die überholte Mode amüsieren, über die inzwischen gealterten Personen oder die eingetretenen Veränderungen der politischen Verhältnisse wundern kann. Es bleibt eben alles anders.

GRUND 92

Weil er nicht der Blödmann der Nation ist

Über das Image der Lehrer ist schon viel geschrieben worden, auch viel Dummes. Das stört aber einen Lehrer nicht. Das ist für ihn so, als wenn ein Köter den Mond ankläfft.

Ein neuseeländischer Bildungsforscher ist der Frage nachgegangen, was einen erfolgreichen Unterricht ausmacht. Dazu hat er jahrelange Feldforschungen betrieben. Er kommt zu dem Schluss, dass Gymnasium, Realschule, Hauptschule, Gesamtschule, Gemeinschaftsschule, Regionalschule usw. keinen Einfluss auf den Lernerfolg eines Schülers haben. Ebenso sind die finanzielle Ausstattung, Klassengröße, Computerausrüstung, Fachraumausrüstung, Hausaufgaben, Sitzenbleiben – ja oder nein – kaum relevant. Der Lehrer, der sich als Anbieter versteht, als Lernbegleiter, als jemand, der dem Schüler überlässt, welche Lernprozesse in Gang getreten werden, hat nach dieser Untersuchung kaum oder keinen Erfolg.

Unter dem Schlagwort »Kompetenzpädagogik« ist diese Art des Unterrichtens zur Zeit in Mode. Sie basiert auf der Hoffnung, dass Schüler lernen wollen, wenn man sie nur lässt und ihnen Entsprechendes anbietet. Da könnten auch beim Optimisten Zweifel aufkommen, ob sich jeder Schüler angesprochen fühlt. Erfolg, sagt der Bildungsforscher, hat nur der, der Disziplin einfordert, klar sagt, was den Schüler in den nächsten 45 Minuten erwartet. Er fordert das ständige Bemühen beim Lehrer ein, sich auf den Schüler in seinen Bedürfnissen einzulassen. Schwache Leistungen dürfen nicht mehr mit Faulheit oder bildungsfernen Elternhäusern erklärt werden, sondern der Lehrer muss sich hinterfragen, was er verändern muss. Er muss sich durch häufiges Befragen seiner Schüler den Weg suchen, er muss durch zusätzliches Bemühen versuchen, Erfolge zu erzielen.

Das bedeutet, dass die Lehrerpersönlichkeit einen ganz entscheidenden Einfluss auf den Lernerfolg hat. Der Lehrer muss in der Lage sein, einen »Draht« zum Schüler zu bekommen. Die Frage ist weniger, wie man eine Schule topp einrichten und finanzieren kann, sondern wie man geeignete Personen findet. Für den Schüler ist der Lehrer die wichtigste Person bei der Vermittlung von Lebensbewältigungsstrategien.

Also, liebe Leute, merkt euch das: It's the teacher!

GRUND 93

Weil die Gefahr, befördert zu werden, nicht zu groß ist

Wenn jemand auf Lehramt studiert und dann nach dem Referendariat die Chance hat, seiner Berufung in der Schule nachzugehen, treiben ihn alle möglichen Sorgen um, wie er den Anforderungen gerecht werden kann. Das lässt ihm gar keine Zeit, über eventuelle Aufstiegsmöglichkeiten nachzudenken.

Sollte er aber mit zunehmender Berufserfahrung befürchten, dass er in eine Führungsposition geraten sollte, der er nicht gerecht werden könnte, kann er ganz beruhigt sein. Die Zahl der zur Verfügung stehenden Stellen mit entsprechender Entlohnung ist so gering, dass die wenigen »lukrativen« Posten schnell – auf manchmal nicht ganz durchsichtigen Wegen – besetzt sind.

Sollte er sich aber nach vielen Dienstjahren mit dem Gedanken im Hinterkopf »man könnte vielleicht doch einmal« im Nachrichtenblatt die Stellenausschreibungen zu Gemüte führen oder direkt vom Schulrat angesprochen werden, wie er sich denn so sein berufliches Weiterkommen vorstelle, sei er gewarnt.

Deutschlandweit sind Hunderte von Grundschulleitungsstellen nicht besetzt. Und das aus gutem Grund. Wenn sich aber jemand unbedingt dazu berufen fühlt, soll er sich in das aufwendige Vorbereitungs- und Bewerbungsverfahren begeben, um sich bei kaum höherer Bezahlung und geringer Stundenentlastung seinen Traum zu erfüllen.

Aber der gemeine Lehrer muss nicht traurig sein – wenn er die Sehnsucht in sich verspürt, ohne entsprechendes Gehalt zusätzliche Aufgaben übernehmen zu wollen, kann ihm sofort geholfen werden: Fachkonferenzleiter, Personalratsvorsitzender, Arbeitsgruppenleiter, Projektverantwortlicher, Schulveranstaltungsverantwortlicher, Leiter der Schülerbücherei, Leiter der Lernbücherei, Verantwortlicher für den IT-Bereich – man könnte die Liste ausbauen. Na, das sind doch wohl genug Möglichkeiten, Verantwortung und Leitung zu übernehmen.

GRUND 94

Weil er kein Millionär werden kann

Ein wöchentlich ausgefüllter Lotto-Schein könnte den Lehrer irgendwann mal zum Millionär machen, auch eine reiche Heirat ist denkbar oder eine mögliche Erbschaft. Doch realistisch gesehen, bleibt die zu erwartende Geldmenge für einen Lehrer wohl überschaubar.

Dem Sozialkundelehrer, der in den späten Siebzigerjahren studiert hat, ist das sowieso recht. In welchen Zwiespalt käme er sonst? Natürlich wünscht sich der Lehrer ein höheres Gehalt. Zieht er aber den Verdienst einer Friseurin in Betracht, wird er wieder ganz bescheiden und demütig.

Der Mathelehrer rechnet. Bei einem durchschnittlichen Gehalt von 3000 Euro, einer Stundenzahl von 28 Stunden und 26 Schülern in der Klasse erhält er pro Schüler 1,37 Euro für die Unterrichtsstunde. Da sind die Ferien schon mit eingerechnet, nicht aber die Vor- und Nachbereitung des Unterrichts und die weiteren Veranstaltungen außerhalb des Stundenplans. Aber diese Rechnerei führt ihn nicht weiter, wenn er das mit dem Millionär klären will. Also noch mal rechnen.

Zieht man in Betracht, dass es sich um einen alleinstehenden, sparsamen Lehrer handelt, kann er jeden Monat 400 Euro sparen. Der Taschenrechner hilft dabei, und er kommt auf 208 Jahre. Eigentlich wollte er nur vierzig Jahre arbeiten. Wenn er 2000 Euro im Monat sparen würde, hätte er nach vierzig Dienstjahren eine Million zusammen. Das wird wohl nichts.

Aber auf eine andere Art kann er doch zum Millionär werden. Bei 28 Schulstunden und 26 zu unterrichtenden Schülern kommt er in vierzig Jahren locker auf eine Million Schülerstunden. Da kann sich der Lehrer doch freuen. Er ist Unterrichtsstunden-schülermillionär geworden!

Nichts wissen ist besser
als alles besser wissen.

KAPITEL 11

Highlights

GRUND 95

Weil er seine Schüler auch wieder entlassen darf

Einer der spannendsten Momente in seinem Berufsleben ist für einen Lehrer die Übernahme einer neuen Klasse. Besonders dann, wenn er als Klassenlehrer eingesetzt ist. Die Schüler haben keine Ahnung, mit welcher Aufregung die Übernahme dieses Amtes verbunden ist. Schon Wochen vorher treibt den engagierten Pädagogen die Frage um, was da für eine Klientel auf ihn zukommt. Namen müssen gelernt werden. Wie gestaltet man die Sitzordnung? Welche Eltern erwarten mich? Kann ich alle erreichen, oder gelingt es mir nicht, auch wenn ich noch so gut differenziere?

Dann kommt der Tag der ersten Begegnung. Was man sich auch immer an methodischen Finessen hat einfallen lassen, man ist sich fremd. Man beschnuppert sich. Doch schon Wochen später werden die Gesichter vertrauter. Die Persönlichkeiten der Schüler entfalten sich. Die am Anfang des Schuljahres homogen erscheinende Gruppe besteht zunehmend aus Individuen. Da zeigt sich Jens bald als intellektueller Überflieger. Marcel ist interessiert am Sachkunde-Unterricht. Ronda übertrumpft im Sportunterricht mit ihrem körperlichen Geschick alle Mitschüler. Anna-Sofie kümmert sich immer, wenn ein Mitschüler drangsaliert wird.

In den meisten Fällen ist es unvermeidlich, dass der Lehrer am liebsten in »seine« Klasse geht, um zu unterrichten. Er kann nicht verhindern, seine Schüler wirklich gern zu haben. Klassenfeste, Wander- und Klassenfahrten fördern dieses Zusammengehörigkeitsgefühl. Bei den Eltern entwickelt sich das Gefühl, dass der Lehrer nur das Beste für ihren Sprössling will.

Wenn dieser Prozess seinen Höhepunkt erreicht hat, steht schon wieder der Entlassungstermin an. Seine von ihm geprägte Klasse, seine ihm liebgewordenen Schüler muss er in andere Lehrerhände geben oder »in das Leben entlassen«.

Dieses Loslassen ist äußerst schmerzhaft. Die erste Entlassungsfeier im Berufsleben eines Lehrers ist deshalb nicht selten mit Tränen verbunden. Alle haben sich für dieses Ereignis besonders fein gemacht. Manche Väter tragen einen Anzug, als Farbe haben sie Schwarz gewählt und eine Krawatte umgebunden, Mütter haben sich herausgeputzt, Geschwister haben sich frei genommen für dieses besondere Ereignis. In den Reden wird über Bildung gesprochen. Bildung ist das, was übrig bleibt, wenn man die Schulbildung schon längst vergessen hat, und dass Bildung eine Verbeugung vor dem Wissen der Vorfahren ist. Wer sich nicht bildet, hat kein Fundament. Das hat ein alter Chinese gesagt.

Die Musiklehrerin ist für den feierlichen musikalischen Teil zuständig. Sie lässt ihre Schüler aus der Musik-AG antreten. Dabei stellt sie fest, dass einige ihren Notenhalter nicht dabeihaben. Also sagt sie: »Wer jetzt noch keinen Ständer hat, geht hoch in den Musikraum und holt sich einen runter.« Das trägt zur Erheiterung und damit zur Entkrampfung der Veranstaltung bei.

Am Ende kriegen die Entlassschüler Blumen, das Zeugnis und das Grundgesetz. Es gibt Sekt und Häppchen. Die Schule ist aus. Einige, jetzt ehemalige Schüler stecken sich erst mal eine Zigarette auf dem Schulhof an – vor allen Lehrern. Es gilt doch endlich mal den Beweis anzutreten, dass hier ein selbstverantwortlicher Mensch des 21. Jahrhunderts steht. Der Klassenlehrer verabschiedet sich von seinen Schülern. Dann geht er mit einem wehmütigen Gefühl. Die Eltern mit ihren Kindern gehen zum Chinesen. So was muss doch gefeiert werden.

Eigentlich müsste die Überschrift dieses Abschnittes nicht heißen »entlassen darf«, sondern »entlassen muss«. Doch welche Chancen bergen sich im »darf«? Neues, Unverhofftes erwartet den Lehrer mit einer neuen Klasse. Er darf weiter gespannt sein, was ihn erwartet.

GRUND 96

Weil er jeden Tag über seine Schüler staunen darf

Die schönsten Momente in seinem Beruf hat ein Lehrer, wenn er staunen darf. Damit ist nicht das Staunen darüber gemeint, dass die Schüler immer unfähiger und undisziplinierter werden. Gemeint ist das Staunen, welche überraschenden Fähigkeiten in so manchem Schüler stecken. Das geschieht meistens, wenn der Lehrer gar nicht damit rechnet.

Da bemerkt er, dass Jens mal wieder im Matheunterricht offensichtlich abschweift. Der zeichnet und textet lieber, als sich der Prozentrechnung zu widmen. Wenn der Lehrer auch in Betracht zieht, dass dieses Verhalten an seinem eigenen Unterricht liegen könnte, muss dieser Schüler auf den richtigen Weg gebracht werden. Dabei hilft nur Hinterhältigkeit. Ganz unauffällig wandelt er während der Stillarbeit durch den Klassenraum, um plötzlich hinter Jens zu stehen. Da hilft auch nicht das oft geübte Verschwindenlassen des Beweismaterials. Der Lehrer wird des künstlerischen Produktes habhaft. Bei so viel Talent muss er mit einem Augenzwinkern seiner Bewunderung Ausdruck verleihen. Er staunt nicht schlecht.

Im Sportunterricht in der dritten Klasse sind Spielestunden am beliebtesten. Man muss sich aber hin und wieder auch seinem Lehrauftrag stellen. Heute ist der Lehrer besonders mutig. Das ungeliebte Turnen hat er sich vorgenommen. Und wenn schon, dann richtig. Der Hausmeister hat geholfen, den Schwebebalken aufzubauen. Jeder Schüler darf vor den Augen der Klasse seine ersten Gehversuche wagen. Da sieht man, warum dieses olympische Gerät so unbeliebt ist.

Aber dann kommt Rhonda. Rhonda schwebt über dieses Gerät mit seinem widersprüchlichen Namen. Mit Eleganz und überraschender Selbstverständlichkeit beendet sie ihre Kür mit einem Salto als Abgang. Der Beifall der Klasse ist ihr gewiss. Der Lehrer kann nur staunen. Rhonda erklärt dem Verdutzten, dass sie seit Jahren Leistungsturnerin ist. Ob er denn nicht die vielen Berichte über sie im regionalen Anzeiger gelesen hat.

Die jährliche Entlassungsfeier wird geplant. Frank fragt seinen Klassenlehrer, ob er auftreten dürfe. Auf die Nachfrage, was er denn vorhabe, antwortet er: »Singen und tanzen.« Frank ist leicht übergewichtig. Er ist ein begabter, aber nicht immer einfacher Schüler. Der Lehrer lässt sich seine Skepsis nicht anmerken. Mit einem »Wenn du dir das zutraust« gibt er seine Zustimmung. Am Abend darüber nachdenkend, kommen ihm doch Zweifel, ob er nicht die Gäste und Frank hätte schützen müssen. Zwei Wochen später ist es zu spät. Das Programm ist gedruckt. Die Entlassungsfeier findet statt. Franks Auftritt ist der letzte Programmpunkt vor Vergabe der Zeugnisse. Was dann passiert, führt bei dem Klassenlehrer zu einem gewissen Schamgefühl. »So wenig Vertrauen hab ich in meine Schüler!« Frank begeistert das Forum mit seiner Musik, seinem Gesang und als Krönung mit seinem Breakdance.

Wieder mal kann der Lehrer nur staunen.

GRUND 97

Weil die Erfindung des Personalcomputers seine Arbeit erleichtern soll

Was waren das noch für Zeiten, die Schüler hatten eine kleine und der Lehrer eine große Tafel, der Lehrer ein Stück Kreide und einen Schwamm, der Schüler einen Griffel und einen Schwamm. Die größte Herausforderung dieser Zeit war das Ertragen des Griffelgeräusches auf den Schiefertafeln der Schüler.

Alle Weisheiten des Lehrers, die er auf der Wandtafel hinterlassen hatte, musste ein verantwortlicher Schüler vor der nächsten Stunde streifenfrei entfernen.

Das Unglück begann, als das Problem der papiernen Vervielfältigung in Form der sogenannten Umdrucker einsetzte. Die nach Spiritus riechenden Ungetüme hatten den Vorteil, dass die einmal gestalteten Matrizen jahrelang in ihrer Urform genutzt werden konnten. Aber der Fortschritt der Zeit machte es möglich, aus zimmergroßen Computern handliche und erschwingliche Geräte zu entwickeln. Der Personalcomputer – kurz PC genannt – erblickte das Licht der Welt. So hielten diese Maschinen Einzug in die Schulen und in die häuslichen Arbeitszimmer der Lehrer. Aber wie sollte man diese immer besser werdenden Maschinen und die umfangreicher werdende Software sinnvoll in den Unterricht einbauen? Der Anfang einer unendlichen Leidensgeschichte.

Einmal geschrieben, hat er es für alle Zeiten – wie seine Matrizen. Endlich kann er dem »Lernen an Stationen«, dem integrativen Unterricht und überhaupt dem individualisierenden Unterricht gerecht werden. Und dann die Offenbarung in der PC-Nutzerwirklichkeit: Die Aufbewahrung der Dateien erweist sich als tückisch. Der neu gekaufte PC veraltet schnell, da Geschwindigkeit und Speicher nicht mehr reichen. Spätestens halbjährlich anfallende Updates stellen den Nutzer vor immer wieder neue Herausforderungen.

Das Schlimmste aber sind die verbrachten Stunden, die nichts mit der inhaltlichen Auseinandersetzung zu tun haben. Immer neue Features, immer kann man etwas noch schöner machen und immer wieder übersteigt die Komplexität der Bedienung die eigenen Fähigkeiten.

Die Vorbereitung des Unterrichtsmaterials am PC weiß inzwischen jeder Lehrer zu schätzen. Aber ist es wirklich eine Arbeitserleichterung?

GRUND 98

Weil er sich nach vierzig Dienstjahren sicher sein kann, dass er seine Berufung gefunden hat

Nachdem sich ein junger Mensch für den Beruf des Lehrers entschlossen hat, heißt es für ihn, das Studium, das Referendariat und die Junglehrerzeit zu überstehen. Hat er das geschafft, entdeckt der Lehrer allmählich, was er für einen wundervollen Beruf hat. Seine Berufung hat er gefunden, wenn er voller Begeisterung in »seine« Schule geht und sich auf »seine« Schüler freut. Ein hohes Maß an beruflicher Befriedigung erhält er durch die Möglichkeit, seine Schüler über Jahre begleiten zu dürfen und sie reifen zu sehen. Dabei spielen die Fortschritte im abfragbaren Wissen eine eher untergeordnete Rolle. Viel bedeutsamer für einen Lehrer ist das Gefühl, Bedeutsames für das Leben der Schüler nach der Schule mitgegeben zu haben.

Dafür Anerkennung zu finden ist allerdings nicht selbstverständlich. Daher ist es ihm angeraten, positive Rückmeldungen von Eltern und Schülern ganz fest zu verinnerlichen. Daraus ist das Ruhekissen für die Nacht gewebt. Von der Schulbehörde wird er nichts erwarten können. Die reagiert nur, wenn es Probleme gibt. Die arbeitet nur ihre Pflicht ab. Die schickt deshalb auch keinen Vertreter zum vierzigjährigen Dienstjubiläum vorbei. So geht die Urkunde auf postalischem Weg an die Schule raus. Das soll dann mal der Schulleiter machen. Der kennt ihn ja besser. Das Amt übernimmt der Schulleiter gern und das Kollegium freut sich, dass diese Leistung gewürdigt wird. Dem Lehrer ist das eher peinlich. Vierzig Jahre schon an der Schule. Wo ist die Zeit geblieben?

Früher waren die Zeiten bestimmt nicht besser, aber man ging ein bisschen anders mit seinen Staatsdienern um. Das zeigt die Chronik einer kleinstädtischen Schule: *Mit dem 1. Oktober 1906 schied der Hauptlehrer und Kantor Teege aus dem Schuldienste. Zur*

Entlassungsfeier in Gegenwart seiner Schüler hatten sich die Lehrer des Ortes eingefunden. Eine Deputation seiner ehemaligen Schüler brachte ihm Glückwünsche für seinen Lebensabend. Für treue Dienste wurde ihm durch den Königlichen Kreisschulinspektor der Hohenzollersche Hausorden übermittelt.

GRUND 99

Weil er Briefe von den Eltern bekommt

Werter Herr Lehrer!
Ich wäre Ihnen zu Dank verbunden, wenn Sie son büschen auf Dieter achten würden, dass er nicht allzu viel raucht. Ich bin leider auch nicht immer dabei, aber so viel, wie ich darauf achten kann, tue ich es. Sollte er sich nicht betragen und zu frech sein, dann langen Sie ihm ruhig paar hinter die Löffel, da haben Sie meine Genehmigung zu.
Mit freundlichen Grüßen, Dieters Mutter

*

Lieber Herr Lehrer,
Marc ist gestern mal wieder vom Schicksal gebeutelt worden: Unser einer Kater hat den Stapel von Marcs Schulunterlagen als Toilette benutzt, sodass Marc alles, was nicht Buch war, entsorgen musste.

Was natürlich zur Folge hat, dass er heute einige Mitschüler um deren Mappen bitten muss, um sich jene zu kopieren. Und sich den Schulordnungen aufs Neue widmen darf. Unser erster Gedanke war, dass Marc den nassen Stapel sozusagen als Beweismaterial mitbringt, doch das kann man keinem zumuten. Somit teile ich Ihnen den Schaden also nun schriftlich mit.

Mit herzlichen Grüßen und den besten Wünschen für ein Schönwetter-Wochenende – wider alle Prognosen.
Marcs Mutter

Sehr geehrter Herr Lehrer!
Nach 32 Jahren traf ich zufälligerweise eine frühere Arbeitskollegin
wieder. Es wurde eine lange Nacht. Ich schlief bis mittags und Günter
auch.   *Hochachtungsvoll, Günters Vater*

*

Sehr geehrter Herr Lehrer!
Da ich am Freitag nicht zur Arbeit konnte und meine Aushilfe krank
geworden war, musste Günter einspringen.
                                    Hochachtungsvoll, Günters Vater

*

Sehr geehrter Herr Lehrer!
Hierdurch muss ich meinen Sohn Günter wieder entschuldigen.
Wie er mir sagte, hatte er total die Zeit verschlafen. Wir hatten am
Wochenende viel zu tun und ich hatte ihn mit eingespannt. Das ist
auch mit meine Schuld.   *Hochachtungsvoll, Günters Vater*

GRUND 100

Weil er gern Erich Kästner liest

Erich Kästner wollte einmal Lehrer werden. Glücklicherweise hat
er von diesem Vorhaben Abstand genommen, so sind für die Nach-
welt literarische Kostbarkeiten erhalten geblieben. In seinem Buch
Als ich ein kleiner Junge war schreibt er über seine Erfahrungen als
17-jähriger Student an einem Lehrerseminar:

Die Professoren, die als pädagogische Beobachter dabeisaßen,
merkten nichts. Doch die Kinder in den Bänken, die spürten es wie
ich. Sie blickten mich verwundert an. Sie antworteten brav. Sie hoben
die Hand. Sie standen auf. Sie setzten sich. Es ging wie am Schnür-
chen. Die Professoren nickten wohlwollend. Und trotzdem war alles

verkehrt. Und die Kinder wussten es. Der Jüngling auf dem Katheder, dachten sie, das ist kein Lehrer, sondern ein Lerner. Ich wollte nicht lehren, sondern lernen. Ich hatte Lehrer werden wollen, um möglichst lange ein Schüler bleiben zu können. Ich wollte Neues, immer wieder Neues aufnehmen und um keinen Preis immer wieder Altes weitergeben. Ich war ungeduldig und unruhig, ich war kein künftiger Erzieher. Denn Lehrer und Erzieher müssen ruhig und geduldig sein. Sie dürfen nicht an sich denken, sondern an die Kinder. Und sie dürfen Geduld nicht mit Bequemlichkeit verwechseln. Lehrer aus Bequemlichkeit gibt es genug. Echte, berufene, geborene Lehrer gibt es fast so selten wie Helden oder Heilige.

Und in *Eine kleine Sonntagspredigt* schreibt er:

Schulmeister müssen schulmeistern. Ja, im verstecktesten Winkel ihres Herzens blüht schüchtern und trotz allem Unfug der Welt die törichte, unsinnige Hoffnung, dass die Menschen vielleicht doch ein wenig besser werden können, wenn man sie oft genug beschimpft, bittet, beleidigt und auslacht.

Er hat ja recht. Was bliebe dem Lehrer, wenn er nicht daran glauben könnte, dass seine Arbeit Sinn hat. Wenn das nicht so wäre, wäre er reif für die geschlossene Abteilung der psychiatrischen Klinik. Das wäre doch zu schade.

GRUND 101

Weil ihn viele um seinen Beruf beneiden

Unter Neid – an anderer Stelle im Buch schon als Todsünde erkannt – versteht man laut Wikipedia »das moralisch vorwerfbare, gefühlsmäßige Verübeln der Besserstellung Anderer. Das betrifft den Besitz, den Status und die Privilegien, die man selbst nicht hat.«

Ärzte, Architekten und Unternehmensberater werden die Lehrer um ihren Beruf wohl nicht beneiden. Die Bezahlung ist einfach zu bescheiden. Da ziehen sie doch das Gegenteil von neiden vor, sie gönnen. Ein ehrlicher Neider muss erst einmal gefunden werden. Er wird wahrscheinlich weniger verdienen oder ist gefrustet von der Belastung in seinem Beruf. »Wär' ich doch nur Lehrer geworden.«

Der Finanzbeamte beklagt seinen Status, seinen sozialen Rang in der Gesellschaft, aber wer will sich als Staatsbürger schon gern in die Tasche fassen lassen? Und dann immer dieses Misstrauen gegenüber dem Steuerzahler. »Haben Sie auch wirklich alles angegeben? Ich weise Sie darauf hin, dass Sie dazu verpflichtet sind, alle ihre Einnahmen öffentlich zu machen. Sonst machen Sie sich strafbar.« Da hat der Lehrer doch eine andere Position. Die neidet der Finanzbeamte dem Lehrer.

Der Ingenieur bei einer großen Flugzeugfirma trägt dem Lehrer seine Privilegien nach: Sicheres Beamtengehalt, keine Kündigungsgefahr und eine hohe Pension. Dabei hat er ganz vergessen, dass er das Doppelte verdient, seine Betriebsrente ihn im Alter absichert und seine ihm zustehenden 42 Urlaubstage den unterrichtsfreien Dienstzeiten eines Lehrers in nichts nachstehen. Neid ist ein schlechter Ratgeber. Deshalb der Aufruf: Werdet Lehrer! Es gibt sowieso zu wenige, die sich trauen.

GRUND 102

Weil er immer wieder nach England muss

Ein Lehrer fährt in seiner unterrichtsfreien Zeit nicht an die bevorzugten Urlaubsorte einer deutschen Durchschnittsfamilie. Nein, dazu wäre ihm die Zeit zu schade. Aber er liebt natürlich auch das Reisen. Eine Ortsveränderung muss immer etwas mit Bildung zu tun haben, schließlich fordert er ja auch von seinen Schülern das stetige Bemühen ein, zu lernen. Außerdem muss eine Reise was mit körperlicher Anstrengung zu tun haben, keine Entspannung ohne vorherige Anspannung, erst Frust, dann Lust. So ist das nun mal im Leben, daran kommt auch ein Lehrer nicht vorbei.

Und so beschließt er, per Rad England zu erkunden. Alleine wäre es ihm zu einsam und zu langweilig, seine Frau hasst aber England und das Radfahren sowieso. Somit steckt er in einem Dilemma. Da müssen dann schon mal die Kollegen herhalten, denn ein Lehrer muss sich austauschen über das, was er gerade sieht und sichtet. Und am Abend möchte er ja noch seinen Freunden erzählen, wie man Schule besser machen könnte, wenn man ihn nur ließe. Aber ihn fragt ja keiner.

Es geht in die Yorkshire Dales, wo die Landschaft herbe ist und nur Schafe auf den kargen Feldern überleben können. Dort schwingen sich 250 Jahre Erfahrung und humanistische Bildung in die Sättel. Und da es schon später Nachmittag ist, muss gleich ein Quartier gesucht werden. Ein Lehrer liebt es, wenn er sein mühselig angelerntes Englisch anwenden darf, und, das ist sein größtes Vergnügen, auch noch verstanden wird. Es stört ihn nicht, wenn er auf Grund seiner Aussprache und korrekten Grammatik sofort als »Bloody German« erkannt wird. Ein freundlicher Mensch auf der Straße empfiehlt als Quartier für die Nacht das »Husband Bunk Barn«, was man ja wohl mit »Stall« übersetzen kann, »two miles« außerhalb, in Stainforth.

Der Farmer in Stainforth mit nur wenigen Zähnen und »muddy boots« öffnet. Er erklärt: »I wouldn't be offended, if you don't take it.« Nee, nee, das ist schon okay. Der Stall stinkt nach Teer und Kuhscheiße. Pferdedecken liegen in einer Ecke, daneben Matratzen und es gibt einen Fernseher. In den Nachrichten wird erzählt, dass man irgendwo auf der Welt künstlich ein schwarzes Loch erzeugen will.

Nun kann er selig einschlafen und von den zu erwartenden Abenteuern träumen. Wenn er nur nicht die drei Guinness zuvor getrunken hätte, die ihn zweimal in der Nacht aufs Klo treiben. Das sind nun mal die Unbequemlichkeiten, die man auf sich nehmen muss. Auf dem Klo liegt ein abgeschnittener Zehennagel.

Am anderen Tag treiben der Wind und der Regen die Radfahrgruppe durch die triste Landschaft und der Lehrer erinnert sich der Brontë-Schwestern, die hier einmal gelebt haben. Ja, das könnte man mal wieder machen, wenn man zu Hause ist, mal wieder *Wuthering Heights* lesen oder einfach nur das Lied von Kate Bush zum gleichen Thema anhören.

In einem Laden hängt die Nachricht des Tages für Yorkshire aus: »Cardriver ploughs into a flock of sheep!«

Zu Hause wird gefragt:

»So, und wie war die Reise?«

»Guhut!«

»Und wie habt ihr euch so verstanden?«

»Auch guhut!«

»Meine Güte, nun lass dir doch nicht alles aus der Nase ziehen.«

Ja, meine Güte, was soll er auch erzählen? Er muss das alles erst einmal verarbeiten und sich überlegen, ob er seine Erlebnisse nicht irgendwie in den Unterricht einbauen kann, denn ein Lehrer, auch wenn er nicht unterrichtet, hat nie Freizeit, er bereitet sich immer auf den Unterricht vor. Überall, auch in England.

GRUND 103

Weil er gern Briefe von Schülern bekommt und auch Briefe von Schülern an Schüler liest

Hallo Lehrer!
Wie geht es Ihnen? Mir geht es schlecht. Meine Mutter und ich hatten einen Autounfall in der Stadt. Erst kam ein Laster, dann ein Golf, dann wir und meine Mutter sagte noch: »Will der nicht bremsen?« Da guckte ich mich um und dann wieder zurück und hinten waren

meine Kussenks. Da gingen dann nicht die drei Türen am Auto auf,
nur meine Tür vorne. Ich hatte meinen Kopf verrenkt, sehr dolle
Schmerzen hatte ich. Das Auto ist kaputt. Was sollen wir eigentlich
für Hefte mitnemen?

Schüß, Marion

*

Hallo Lehrer,
ich habe deine Poskarte bekomen das Dartum das drauf stand, den
27.8. war der Geburtstag von meinem Vater schöne Grüße an deine
familie und dich   Tschuß und alles Gute von ihrer Schülerin Jonna

*

Von Maik:
Ich bitte um eine Vier in Deutsch, weil ich sonst sehr viel Ärger kriege.
Mein MP3-Player geht sonst flöten. Ich weiß, dass meine Zensuren
nicht gerade überzeugend sind. Im Mündlichen bin ich doch sonst gut.
Sie sind nett und freundlich.

*

Liebe Chantal,
es tut mir leid, dass ich dir gestern nicht geglaubt habe, aber ich bin
in Sachen Freundschaft nicht so gläubig. Wenn du zum Beispiel
erzählst, dass dein Wochenende schön war ohne mich und du mich
nicht vermisst hast. Vielleicht erzähl ich dir mal, warum mein Leben
so Scheiße war. Ach, und das mit dem Petting können wir doch mal
machen. P.S.: Wo du mich angerufen hast und ich sagte, ich gehe
fremd, das tut mir leid.

*

Lieber Henning!
Ich finde dich total süß. Wollen wir uns mal im Freizeitraum treffen?
Ich hoffe, dass du den Brief nicht verreißt. Schreibe zurück, Lisa

Lieber Tobias!
Ich liebe dich über alles. Ich hoffe, du liebst mich auch noch. Kann es sein, dass Chantal was von dir will? Weil sie dich ständig anguckt und anlächelt? Ich hoffe, du willst nichts von ihr?

*

An Tobias:
Tobias, ich hasse dich. Du brauchst gar keine Briefe mehr zu schreiben, ich nehme nämlich keine mehr an. Ich liebe dich nicht, ich habe nämlich einen anderen. Hans-Peter Schmidt. Ich weiß zwar nicht, ob er mich mag, aber Jens Haase will ihn am Sonnabend fragen. Also lass mich jetzt zufrieden. Du hast ja doch keine Schongs bei mir. Ich hasse dich!!!!!!!!!

*

Ich hab ja auch nicht gesagt, dass ich dich liebe.

*

In dem ersten Brief stand aber, dass du mich liebst.

*

Das mag sein, aber ich erinnere es nicht mehr.

*

Liebe Anja,
Tom möchte mit dir gehen, denn er liebt dich so sehr, dass er auch ordentlich werden will in der Schule.

*

An alle Jungs an der Fensterreihe!
Ihr seid ein paar alte Wiesenficker. In Wirklichkeit (Realität) seid ihr große Versager und Nieten. Ein großes Maul kann jeder haben. Unsere Nationalhymne der Mädchen lautet: Schwanz ab, Schwanz ab, runter mit dem Männlichkeitsmal. Eure drei Mädchen von rechts hinten

Liebe Katrin!
Ich verzeihe dir und ich wünsche dir Frohe Weihnachten!!! Und 1ne
1 im Rechnen und allen Fächern.

GRUND 104

Weil er wunderbare E-Mails von ehemaligen Schülern bekommt

Das Internet lässt es zu, dass man rasend schnell mit der ganzen Welt kommunizieren kann. Ein Lehrer weiß das zu nutzen. Er kann Recherche betreiben, ohne das Haus zu verlassen. Kann endlos E-Mails schreiben und auch welche bekommen. Besonders freut es ihn, wenn er solche von ehemaligen Schülern bekommt:

Ich weiß nicht, ob Sie sich noch an mich erinnern, aber ich hoffe es. Ich habe vor elf Jahren bei Ihnen den Abschluss gemacht und bin dann weiter in die zehnte Klasse gegangen.

Der Grund, warum ich schreibe, ist, um mich bei Ihnen zu bedanken. Ich habe in diesem Jahr mein Fachabitur in Elektrotechnik geschafft und wollte Ihnen nur sagen, dass ich es ohne Sie nie geschafft hätte. Sie sind die einzige Person, die ich je als meinen Mentor betiteln würde (ich hoffe schwer, dass Sie das als Kompliment nehmen). Ohne Ihre aufbauenden Worte und Ihre netten, aber doch ernsten Stupser wüsste ich nicht, ob ich überhaupt einen Schulabschluss geschafft hätte.

Bei mir läuft alles so weit gut, leider habe ich trotz Ihrer steten Bemühungen es immer noch nicht geschafft abzunehmen, und das tut mir leid, aber ich arbeite wieder dran und diesmal habe ich ein gutes Gefühl! Ich spiel in meiner Freizeit immer noch Squash und habe sogar noch Ihr Buch.

Mein Vater hat seine eigene PC-Firma aufgemacht, die jetzt schon vier Jahre existiert, und wir alle hoffen noch länger. Toi, toi, toi! Meine

kleine Schwester besucht die siebte Klasse der Realschule und meine
große Schwester hat einen großartigen Kerl gefunden und ihn ge-
heiratet. Sie bauen gerade ein Haus.

Ich bin immer noch eng mit Martin, Marlies und Uwe befreundet,
wobei ich Martin meinen besten Freund nennen darf, Martin und
Marlies lassen ganz lieb grüßen.

Ich hoffe, dass es Ihnen und Ihrer Familie auch gut geht und Sie
sich wenigstens ein wenig über meine E-Mail freuen, wobei ich mich
eigentlich persönlich melden wollte, aber da ist wohl meine alte
Schüchternheit wieder hochgekommen.

Falls Sie Zeit haben, würde ich mich auf eine Antwort freuen, und
Marlies möchte gerne mal einen Kaffee mit Ihnen trinken, worüber
ich mich auch sehr freuen würde!

Mit freundlichen Grüßen, Jörg

Wenn der Lehrer eine solche E-Mail bekommt, geht es ihm gut. Dann holt er mitten am Tag seinen zwölf Jahre gereiften Whisky aus dem Regal, wirft ein paar Eiswürfel ins Glas und schüttet es randvoll. Mit dem Austrinken lässt er sich Zeit, denn alles braucht seine Zeit. Genuss kriegt man nicht geschenkt, den muss man sich hart erarbeiten. Und ihm wird wieder klar, dass zarte Schülerseelen reifen müssen wie ein guter Whisky. Die Aufgabe eines Lehrers kann es nicht sein, schnell messbare Ergebnisse zu erzielen. Nein, seine Aufgabe ist es, den sozialen Boden des Schülers zu düngen, damit darauf einmal etwas Sinnvolles wachsen kann, dass er sich seinen Möglichkeiten entsprechend entwickeln kann.

Er sieht in seinem Vorgarten einer Katze zu, die vergeblich versucht, einen Vogel zu fangen. Frustriert schleicht sie davon.

GRUND 105

Weil er von den Wünschen seiner Schüler überrascht wird

Ein Lehrer muss neugierig und an den Wünschen seiner Schüler interessiert sein, sonst hat er in der Schule nichts zu suchen. Daher fragt er auch gern seine vor der Entlassung stehenden Schüler. Natürlich möchte er etwas von den Berufswünschen hören. Das kann ja erfahrungsgemäß auf einem zehn Jahre später stattfindenden Klassentreffen durchaus der Erheiterung dienen.

Des Lehrers Neugier geht aber weiter. Wie denn so die Vorstellungen bezüglich des Ehestandes, der Anzahl der Kinder und dem Erlangen materieller Güter seien. Die Antworten sind häufig erfrischend offen und überraschend schlicht. Die Wünsche variieren je nach Geschlecht zwischen einer schönen Frau oder einem gut aussehenden reichen Mann, einem Haus im Grünen, zwei Kindern und einem großen Auto. Beruflich sind eher noch keine Perspektiven ausgebildet. Wie man zu Geld kommen will, wird mit einem zu erwartenden Millionenlottogewinn beantwortet. Das war es dann mit der Zukunftsperspektive.

Peter Fox hat in seinem 2008 veröffentlichten Hit *Haus am See* manches davon wiedergegeben. Aber umfangreicher hat sich Kurt Tucholsky mit einem in der *Berliner Illustrierten Zeitung* 1927 erschienenen Gedicht geäußert. Das wäre doch mal wieder was, es im Unterricht zu besprechen.

Vielleicht erst mal den Tucholsky auswendig lernen. Das macht bestimmt Eindruck bei den Schülern, und es gibt gewiss die eine oder andere Gelegenheit, bei der man damit angeben kann:

Das Ideal

Ja, das möchste:
Eine Villa im Grünen mit großer Terrasse
Vorn die Ostsee, hinten die Friedrichstraße;
Mit schöner Aussicht, ländlich-mondän,
vom Badezimmer aus die Zugspitze sehn –
aber abends zum Kino hast du 's nicht weit.
Das Ganze schlicht, voller Bescheidenheit:

Neun Zimmer – nein, doch lieber zehn!
Ein Dachgarten, wo die Eichen drauf stehn,
Radio, Zentralheizung, Vakuum,
eine Dienerschaft, gut erzogen und stumm,
eine süße Frau voller Rasse und Verve –
(und eine fürs Wochenend, zur Reserve) -
eine Bibliothek und drumherum
Einsamkeit und Hummelgesumm.

Im Stall: zwei Ponies, vier Vollbluthengste,
acht Autos, Motorrad – alles lenkste
natürlich selber – das wär ja gelacht!
Und zwischendurch gehst du auf Hochwildjagd.

Ja, und das hab ich ganz vergessen:
Prima Küche – erstes Essen –
Alte Weine aus schönem Pokal –
Und egalweg bleibst du dünn wie ein Aal.
Und Geld. Und an Schmuck eine richtige Portion.
Und noch ne Million und noch ne Million.
Und Reisen. Und fröhliche Lebensbuntheit.
Und famose Kinder. Und ewige Gesundheit.

Ja, das möchste!

Aber, wie das so ist hienieden:
manchmal scheints so, als sei es beschieden
Nur pöapö, das irdische Glück.
Immer fehlt dir irgendein Stück.
Hast du Geld, hast du nicht Käten;
Hast du die Frau, dann fehln dir Moneten –
hast du die Geisha, dann stört dich der Fächer;
bald fehlt uns der Wein, bald fehlt uns der Becher.

Etwas ist immer.
Tröste dich

Jedes Glück hat einen kleinen Stich.
Wir möchten so viel: Haben. Sein. Und gelten.
Daß einer alles hat:
Das ist selten.

GRUND 106

Weil er zum besten Lehrer Deutschlands gewählt werden kann

Da gibt es einen Wettbewerb, der landes- und deutschlandweit ausgeschrieben wird: Der beste Lehrer wird gesucht. Selbst bewerben kann man sich nicht. Die Kandidatenvorschläge kommen vor allem aus den Reihen der Schüler. Wenn er tatsächlich gewählt wird, erfüllt ihn natürlich Stolz. Aber ein wenig Angst vor dem eventuellen Neid der Kollegen trübt seine Freude etwas. Würde ihm ja auch nicht anders gehen, wenn ein anderer aus seinem Kollegium gewählt worden wäre. »Was macht der denn besser als ich?«

Die Auserwählten und die Neidischen sollten sich einfach ins Bewusstsein rufen, warum dieser Preis ins Leben gerufen wurde. Ihrem gesamten Berufsstand soll damit die Anerkennung zuteil werden, die er verdient hat. Das *Hamburger Abendblatt* hat es in einem Artikel auf den Punkt gebracht:

Jahr für Jahr küren Fernseh- und Radiosender, Zeitschriften oder Firmen die beliebtesten Künstler, die herausragendsten Sportler oder die besten Mitarbeiter. Zu denen, die sich fernab der öffentlichen Aufmerksamkeit engagieren, ohne große Lorbeeren dafür zu ernten, gehören die Pädagogen. Sie tragen eine große Verantwortung, leisten oft Außergewöhnliches und nehmen auf die Entwicklung ihrer Schüler entscheidend Einfluss. Viele Lehrer und Lehrerinnen setzen sich Tag für Tag hoch motiviert und nicht immer unter leichten Bedingungen für unsere Kinder ein. Dafür gibt es viel zu selten Anerkennung und Wertschätzung. Dabei ist Bildung unser wichtigster Rohstoff.

Wenn also nur einer oder einige wenige als beste Lehrer Deutschlands gewählt werden, ist das zwar eine persönliche Anerkennung, aber viel wichtiger noch ist die seltene Chance, die Leistungen und das Engagement stärker in den Mittelpunkt zu rücken. Also, liebe Schüler, wenn ihr einen tollen Lehrer habt, meldet ihn zur Wahl. Selbst, wenn er nicht gewählt wird, leistet ihr was ganz Wichtiges. Lehrer sind auch Menschen. Daher tut auch ihnen Anerkennung gut.

GRUND 107

Weil er jung bleiben will

Wer wünscht sich schon, dass Körper und Geist dahinsiechen? Jung ist jeder einmal gewesen. So hegt auch der Lehrer den Wunsch, etwas von seiner Jugend zu behalten. Ist er doch von Jugend umgeben. Die Verführbarkeit, sich dem Gehabe, der Kleidung oder dem Jargon anzupassen, ist groß. Wenn er dieser Verführung erliegt, hat er schon verloren. Ob er nun in den Fünfzigerjahren Jeans oder in den Siebzigern Schlaghosen getragen hat, bringt ihm in den Augen seiner Schüler kein Stück mehr Achtung. Ein heute von ihm locker angebrachtes »Ey, Aller, mach doch mal das Handy aus!« wird wenig Erfolg zeigen. Diese Form wird als Anbiederung empfunden und trägt nicht dazu bei, dass der Lehrer jung bleibt.

Aber er muss sich bemühen, im Kopf jung zu bleiben. Er muss Ideen und Gedanken seiner Schüler ernst nehmen und sich mit ihnen auseinandersetzen. Jeglicher Anbiederung widerstehend, genießt er die Augenblicke auf Klassenfahrten, wenn er mit seinen Schülern gemeinsam wandern darf. Er genießt die Albereien auf Klassenfesten. Die vertrauensvollen Offenbarungen in Pausengesprächen lassen ihn nachdenken.

Wenn er diese Augenblicke genießen kann, bleibt er jung.

GRUND 108

Weil er froh ist, dass so manches aus dem Schulalltag verschwunden ist

Um gute Schule zu machen, muss nicht ständig alles umgekrempelt werden. Manche Gepflogenheiten aber sind zum Glück für alle an Schule Beteiligten verschwunden. Um schätzen zu können, warum es so schön ist, in der heutigen Zeit eine pädagogische Anstalt zu besuchen, sollten junge Kollegen und ihre Schüler in der jüngeren Geschichte forschen. Die leichteste Methode ist die Befragung älterer Kollegen oder der Eltern und Großeltern.

Ein paar Blitzlichter erhellen, was noch vor Jahrzehnten in deutschen Schulen zum Alltag gehörte. Zu Beginn jeder Stunde mussten die Schüler geschlossen aufstehen, wenn der Lehrer die Klasse betrat. Der wurde dann mit einem lauten »Guten Morgen, Herr Lehrer« begrüßt.

Wollte der Schüler eine Antwort geben, hatte er sich mit ausgestrecktem Arm und erhobenem Zeigefinger zu melden. Hatte der Schüler das Bedürfnis, auf sich aufmerksam machen zu müssen, schnipste er mit den Fingern. Das führte aber nicht dazu, dass er »drangenommen« wurde, sondern es setzte sofort einen harschen Rüffel des Lehrers. Sollte sich ein Schüler erdreisten, den Unterricht wiederholt zu stören, musste er »in der Ecke stehen«. Mit Blick auf die Ecke, abgewandt von der Klasse, durfte er den Rest des Unterrichts stehend verbringen. So hatte er eine gute Gelegenheit, über sein Benehmen nachzudenken. Meinte jedenfalls der Lehrer.

Tätlichkeiten von Lehrern waren an der Tagesordnung. Schrieb der Schüler nicht sauber genug, erhielt er schnell einen Klaps auf den Hinterkopf. Dabei waren die Schüler noch froh, dass sie sich nicht eine kräftige Backpfeife einfingen oder der Lehrer sie nicht am Ohr zog, bis es blutete. Beschwerden waren sinnlos und Rückhalt zu Hause konnte man auch nicht erwarten. Höchstens gab es noch zusätzliche Schläge. Das reichte den Hardlinern unter den Lehrern aber nicht. Sie führten Rituale ein. Bei bestimmten Vergehen oder weil dem »Pädagogen« danach war, hatte der Schüler die Hände auszustrecken. Der Lehrer haute ihm dann mit dem Lineal oder dem Zeigestock auf die Finger.

Noch perverser waren die Lehrer, die für eine echte Prügelstrafe sorgten. Bei Verstoß gegen die von ihm auferlegten Regeln erhielten die Delinquenten, egal ob Junge oder Mädchen, eine Tracht Prügel. Ein Mitschüler wurde nach draußen geschickt, um eine Gerte aus Weide oder, besser noch, aus Haselnuss zu schneiden. Dann musste sich der zu bestrafende Schüler über das Pult bücken. Je nach Laune des Lehrers bemaß sich die Anzahl der Schläge. Wenn der Schüler Glück hatte, trug er eine Lederhose. Oder er war so klug und hatte sich vorsorglich mit einem Schulbuch unter der Kleidung geschützt. Klingt wie aus einer anderen Zeit. Ist aber gar nicht so lange her. Der Lehrer ist froh, dass manches aus dem Schulalltag verschwunden ist.

GRUND 109

Weil er findet, dass man mit Schülern über die sieben Todsünden sprechen muss

Im Religionsunterricht spricht ein Lehrer schon mal über die sieben Todsünden. Wenn man die nicht begehen würde, wären alle Probleme auf der Welt gelöst, na gut, fast alle, meint er.

Ein Lehrer sucht dann ein besonders verständliches Beispiel heraus, um den Schüler mit dieser doch recht komplexen Problematik auch zu erreichen:

Vom Dreimeterbrett ins Wasser pinkeln, dazu gehört schon ein gewisser Mut, weil andere diese Sauerei beobachten können. Als Täter muss man mit Reaktionen anderer Leute rechnen, die nicht einzukalkulieren sind. Pinkelt man indessen während des Schwimmens ins Becken, ist das ebenso eine Sauerei, aber moralisch noch verwerflicher, weil niemand direkt etwas davon mitbekommt. Beide verhalten sich gegen die Gesellschaft, von der sie doch profitieren.

An diesem Beispiel lässt sich für einen Lehrer den Schülern gut aufzeigen, dass beide Verhalten Todsünden sind. Der Pinkler vom Dreimeterbrett begeht die Todsünde Hochmut, in diesem Fall handelt es sich um die etwas mildere Form, den Übermut. Hier mag man noch von einer verzeihbaren Sünde sprechen. Der andere begeht die Todsünde Trägheit. Beide sind somit Sünder im Sinne der Kirche, denn sie begehen die Sünde mit vollem Bewusstsein, erkennen die Schwere der Sünde bereits vorher und begehen sie aus freiem Willen. Im Sinne der Kirche wird der Bund der Liebe, den Gott dem Menschen abbittet, vom sündigen Menschen zurückgewiesen, indem er es vorzieht, sich seinen egoistischen Zielen zu unterwerfen. Um wieder auf den Weg der Tugend zu kommen, genügt aber die vollkommene Reue, also die bewusste Hinwendung zur Liebe Gottes.

Manchmal ist der Lehrer nicht immer sicher, ob er mit seinen Gedankengängen den Schüler erreicht. Aber schön, so hat er sich mal wieder mit sich selbst unterhalten, und das ist doch auch was.

GRUND 110

Weil er als entlassener Lehrer über seine Wirkungen auf die Gesellschaft nachdenkt

Der Lehrer wird auch irgendwann mal entlassen. Dann gibt es ein Kulturprogramm. Die niedliche erste Klasse spielt brav ein Flötenstück. Auch die rot gefleckten aufgeregten Mütter dürfen erwartungsvoll den musikalischen Fähigkeiten ihrer Sprösslinge lauschen.

Reden werden gehalten. Wohl überlegte Worte werden gesagt. Aber irgendwie, er kann es auch nicht sagen, fühlt der Lehrer sich wie ein Silberrücken, der jetzt in den Zoo geschickt wird. Da kriegt er jetzt sein Gnadenbrot und eine Urkunde, auf der sich die Bundesrepublik Deutschland für die geleisteten treuen Dienste bedankt.

Was kommt jetzt noch? Wie fühlt man sich denn so? Beneidenswert! Was kann man denn jetzt alles machen? Golfen? Reisen? Hund anschaffen? Rad fahren? Die Leute kommen ihm zu nahe. Nein, nein, das will er alles nicht. Will erst mal nur in Ruhe gelassen werden. Nachdenken. Das eine aber weiß er jetzt schon, er wird immer Lehrer bleiben, immer. Und so kommt für ihn noch einmal am Ende die Sinnfrage auf:

Was habe ich bewirkt? War ich geduldig genug? Welche Spuren habe ich hinterlassen? Was bleibt am Ende? Oder war vielleicht doch alles vergebens? Aber er hat ja Freunde, und so steckt ihm sein Kollege Jens-Peter ein Gedicht zu:

Wirkungen

Für den zweifelnden Lehrer
Nur in den Wind gesprochen?
Nur in den Fluss geschrieben?
Nur ins eine Ohr rein?
Zum anderen wieder raus?
Zeichenblätter
Fotopapiere
Landkarten
Hefte
Schulbücher
Bleiben sie?
Oder überlebt das?
Ein paar Mutlose mutig gemacht
Ein paar Ratlosen Rat gegeben
Ein paar Gestrauchelten aufgeholfen
Ein paar Nachdenklichen zu denken gegeben
Ein paar Herzen geöffnet
Ein paar Hirne geölt
Ein paar Händen zum Handeln verholfen
Ein paar Aufmüpfigen die Aufmüpfigkeit gelassen
Ein paar Dumpfen die Dumpfheit genommen
Ein paar Menschen die Welt geöffnet …

GRUND 111

Weil er Briefe von ehemaligen Schülern bekommt

Der Schulleiter ist entlassen worden. Er hat nichts Ehrenrühriges gemacht, keine goldenen Löffel geklaut oder so was. Nein, er hat die Altersgrenze erreicht und so wird er entlassen. Ein ehemaliger

Schüler schreibt ihm: *Ein Mann, der Spuren hinterlassen hat. So konnte man es vor ein paar Tagen in der örtlichen Presse lesen. Mehr oder weniger wichtige Personen waren gekommen, um Ihnen zum Erreichen Ihrer Pension zu gratulieren. Zum Erreichen der Pension, dachte ich, nachdem ich den Bericht gelesen hatte und kurz in mich gegangen war. Ist das schon vierzig Jahre her? Aber nein, das kann doch gar nicht sein. Mir kommt es so vor, als wenn ich erst vor Kurzem aus der Schule entlassen wurde …?*

Ich möchte mich in die Schar der Gratulanten einreihen und Danke sagen. Danke sagen für das, was ich mitnehmen durfte an mathematischem, sprachlichem und allgemeinem Wissen, und wie Sie es mir vermittelt haben. Wobei die Lektionen, die nicht Lehrstoff waren, die man zugegebenerweise oft auch widerstrebend lernen musste, oder die Lektionen, mit denen man erst viel später etwas anfangen konnte, eigentlich für mich ebenso prägend und wichtig waren.

Wenn die Schulrätin von Spuren spricht, die Sie hinterlassen haben, so stimme ich dem voll und ganz zu, möchte aber noch hinzufügen, dass es sich nicht um vergängliche handelt, sondern um Spuren, die in der Seele und im Herzen zu finden sind. Wo sie nicht flüchtig sind und nicht der schnellen Vergänglichkeit unterliegen.

Nicht alle Schüler haben das Glück in ihrem Leben, auf eine so engagierte Lehrkraft zu treffen und sie dann auch noch als Klassenlehrer zu behalten. Was kann ich Ihnen also wünschen für Ihren Ruhestand? Vielleicht dass Sie diesen Lebensabschnitt genauso überlegt und mit klaren Zielen angehen. Dass Sie gesund bleiben an Körper, Seele und Geist und Zeit finden für das, was Sie schon immer machen wollten.

Ja, das wünsche ich Ihnen von Herzen.

Ihr ehemaliger Schüler

Quellenverzeichnis

Werner Bergmann, »Was sind Vorurteile?« in: Information zur politischen Bildung, Nr. 271/2001

Johann Wolfgang Goethe, Faust. Der Tragödie erster Teil, Reclam Verlag, 1986

»Größte bekannte Struktur im Universum entdeckt«, dpa, in: Hamburger Abendblatt, 12.01.2013

Paul Th. Hermann, Diktatstoffe zur Einübung und Befestigung der neuen deutschen Rechtschreibung, 12. verbesserte Ausgabe, Ernst Wunderlich, 1909

Erich Kästner, Als ich ein kleiner Junge war, dtv, 2003

Erich Kästner, Bei Durchsicht meiner Bücher, dtv, 1989

Jürgen von der Lippe (Hrsg.), Das witzigste Vorlesebuch der Welt, Eichborn Verlag, 2009

John McCrae, In Flanders Fields and other Poems, William Briggs, 1919; Nachdruck bei Dodo Press, 2005

Brigitte Paulino-Neto, Die Melancholie des Geographen, Haymon Verlag, 1996

Jan-Uwe Rogge, Kinder brauchen Grenzen, Rowohlt Verlag, 1993

Kurt Tucholsky, Das Ideal, in: Berliner Illustrierte Zeitung, 1927

Friederike Ulrich, »Lehrerpreis 2013: Hamburgs beste Pädagogen gesucht«, in: Hamburger Abendblatt, 29.01.2013

DANKE

Ich möchte mich bedanken bei Gina und Heiner, die mit ihren Geschichten das Buch bereichert haben.

SCHWARZKOPF & SCHWARZKOPF

MANCHMAL SCHAUEN SIE SO AGGRO

GESCHICHTEN AUS DEM SCHULALLTAG – EINE LEHRERIN ERZÄHLT
VOLLER SYMPATHIE FÜR DIE SCHÜLER UND VOLLER ADRENALIN

MANCHMAL SCHAUEN SIE SO AGGRO
GESCHICHTEN AUS DEM SCHULALLTAG –
EINE LEHRERIN ERZÄHLT
Von Hildegard Monheim
288 Seiten, Taschenbuch
ISBN 978-3-86265-166-5 | Preis 9,95 €

»Hildegard Monheims Geschichten gelingt eine gute Balance, trotz aller Härten bleibt am Ende kein Bild der völligen Hoffnungslosigkeit.« *Süddeutsche Zeitung*

»In 33 Geschichten beschreibt Hildegard Monheim humorvoll das Seelenleben der Lehrer; dass sie selber morgens manchmal keine Lust auf Schule hat; Ohrringe nicht die besten Gegenstände sind, um sie nach Schülern zu werfen und jeder gute Lehrer den Blick hinter die Schülerfassade lernen sollte.« *radio eins*

»Hildegard Monheim unterrichtet an einer Hauptschule. Was der unbeugsamen Lehrerin zwischen Leiden und Lachen so alles widerfährt, bringt sie humorvoll auf den Punkt – und spart dabei nicht mit kritischer Reflexion und Selbstironie.« *Emsland-Kurier*

WWW.SCHWARZKOPF-SCHWARZKOPF.DE

SCHWARZKOPF & SCHWARZKOPF

SCHULFRUST

VIVIANE CISMAK ZEIGT, WIE SCHWER BILDUNGSFÖDERALISMUS, ANDAUERNDE UNGERECHTIGKEIT UND UNZÄHLIGE REFORMEN DEN SCHULALLTAG MACHEN

SCHULFRUST
10 DINGE, DIE ICH AN DER SCHULE HASSE
Von Viviane Cismak
240 Seiten, Taschenbuch
ISBN 978-3-86265-065-1 | Preis 9,95 €

»Leistungsfeindlichkeit, Wischiwaschi-Unterricht, Multikulti-Irrsinn; die Berliner Einser-Abiturientin Viviane Cismak hat das alles erlebt – und ein Buch darüber geschrieben. ›Schulfrust: 10 Dinge, die ich an der Schule hasse‹ ist eine bitterböse Abrechnung mit dem Bildungschaos.« *Berliner Kurier*

»Mit ihrem provokanten Werk ›Schulfrust‹ ist es Viviane Cismak gelungen, Aufmerksamkeit auf die Missstände zu lenken, die sie in ihrer Schulzeit am eigenen Leib erfahren hat.« *Der Westen online*

»Bildungspolitiker sollten ›Schulfrust‹ ernst nehmen, denn allein die Tatsache, dass eine gute Schülerin solch eine Hasstirade loslässt, zeigt, dass unser Bildungssystem reformbedürftig ist.« *Niedersächsische Allgemeine*

WWW.SCHWARZKOPF-SCHWARZKOPF.DE

SCHWARZKOPF & SCHWARZKOPF

LEGENDEN VON MORGEN

ALLE REDEN ÜBER DIE HELDEN DER VERGANGENHEIT,
ABER WAS IST MIT DENEN DER ZUKUNFT?

LEGENDEN VON MORGEN
35 PORTRÄTS VON JUNGEN MENSCHEN MIT VISIONEN
Von Katharina Weiß & Philipp Zumhasch
200 Seiten, Klappenbroschur
durchgehend farbig gedruckt
ISBN 978-3-86265-216-7 | Preis 14,95 €

»Wenn es um große Taten und beeindruckende Errungenschaften geht, schaut man viel zu oft in die Vergangenheit. Das jedenfalls finden Katharina Weiß und Philipp Zumhasch. Sie haben sich nach dem Abi umgeschaut, was man denn so machen kann mit seinem Leben und sahen da eigentlich nur unerreichbare Legenden. Daher fragten sie sich, ob es nicht vielleicht auch Vorbilder gibt, die jung sind und trotzdem Beeindruckendes machen – und die man vielleicht auch mal zum Gespräch erreichen kann. Da das sicher auch für andere inspirierend ist, haben die beiden aus ihrer Suche gleich ein Buch gemacht: ›Legenden von morgen‹«
FluxFM

»Ein interessantes Projekt: Viele junge Menschen in dem Buch, die es zu Legenden schaffen können.«
TV Total

WWW.SCHWARZKOPF-SCHWARZKOPF.DE

SCHWARZKOPF & SCHWARZKOPF

SCHANTALL, TU MA DIE OMMA WINKEN!

AUS DEM ALLTAG EINES UNERSCHROCKENEN SOZIALARBEITERS –
LIEBENSWERT KARIKIERT UND SEHR, SEHR KOMISCH!

SCHANTALL, TU MA DIE OMMA WINKEN!
AUS DEM ALLTAG EINES
UNERSCHROCKENEN SOZIALARBEITERS
Von Kai Twilfer
224 Seiten, Taschenbuch
ISBN 978-3-86265-219-8 | Preis 9,95 €

»Rasend komisch. Mit spitzer Feder schreibt Kai Twilfer in ›Schantall, tu ma die Omma winken!‹ über eine Familie, für die Bildung und Niveau Fremdwörter sind.«
Das Neue Blatt

»Sozialarbeiter Jochen wird von der beschaulichen Kulturbehörde einer Kleinstadt in den Sozialdienst versetzt und trifft dort auf die chaotische Unterschichtfamilie Pröllmann samt Tochter Schantall. Er erhält Einblicke in eine Welt, die ihm bisher gänzlich unbekannt war. Lustig und unterhaltsam!«
Lea

»Geschichten aus dem Alltag eines unerschrockenen Sozialarbeiters erobern Bestsellerlisten.«
Volksstimme

»Eine humorvolle und satirische Milieustudie.«
Stadtspiegel Gelsenkirchen

WWW.SCHWARZKOPF-SCHWARZKOPF.DE

Dietrich von Horn, geboren 1944, lebt in Bargteheide in der Nähe von Hamburg. Er ist pensionierter Hauptschullehrer, verheiratet und hat zwei erwachsene Kinder. In seiner Zeit als Lehrer hat er unter anderem an Schulbüchern und Atlanten mitgearbeitet und satirische Texte für pädagogische Zeitschriften geschrieben. Mit seinem Episodenroman aus der norddeutschen Provinz *Aber sonst ist eigentlich nicht viel passiert* gewann er den ersten Platz beim Hamburger-Abendblatt-Roman-Wettbewerb 2011. Im Frühjahr 2013 veröffentlichte er sein zweites Buch, den Roman *Immer is' was*.

Dietrich von Horn
111 GRÜNDE, LEHRER ZU SEIN
Eine Hommage an den schönsten Beruf der Welt

ISBN 978-3-86265-310-2
© Schwarzkopf & Schwarzkopf Verlag GmbH, Berlin 2013
Alle Rechte vorbehalten. Dieses Werk ist urheberrechtlich geschützt. Jede Verwendung, die über den Rahmen des Zitatrechtes bei korrekter und vollständiger Quellenangabe hinausgeht, ist honorarpflichtig und bedarf der schriftlichen Genehmigung des Verlages. | Coverfotos – Bilder obere Reihe: © Ableimages (1); © Jupiterimages (2); © Archiv des Autors (3, 4, 5); Bilder untere Reihe: © Getty Images (1); Archiv des Autors (2, 3, 4, 5)

KATALOG
Wir senden Ihnen gern kostenlos unseren Katalog.
Schwarzkopf & Schwarzkopf Verlag GmbH
Kastanienallee 32, 10435 Berlin
Telefon: 030 – 44 33 63 00
Fax: 030 – 44 33 63 044

INTERNET | E-MAIL
www.schwarzkopf-schwarzkopf.de
info@schwarzkopf-schwarzkopf.de